Menschen des Evangeliums

Michael Reeves

Die Deutsche Nationalbibliothek verzeichnet diese Publikation in der Deutschen Nationalbibliographie; detaillierte bibliographische Daten sind im Internet über dnb.de abrufbar.

Titel des englischen Originals:
Gospel People: A Call for Evangelical Integrity
© 2022 by Michael Reeves
Published by Crossway
a publishing ministry of Good News Publishers
Wheaton, Illinois 60187, U. S. A.
This edition published by arrangement with Crossway.

Wenn nicht anders angegeben, wurde folgende Bibelübersetzung verwendet:
Lutherbibel, revidiert 2017,
© 2016 Deutsche Bibelgesellschaft, Stuttgart

© 2024 Verbum Medien gGmbH,
Bad Oeynhausen
verbum-medien.de
info@verbum-medien.de

Übersetzung:
Florian Gostner

Lektorat:
Samuel Wiebe

Buchgestaltung und Satz:
Samuel Hinterholzer

Druck und Bindung:
Finidr

1. Auflage 2024
Best.-Nr. 8652 071
ISBN 978-3-98665-071-1
E-Book 978-3-98665-072-8
DOI: 10.54291/t664777493

Solltest du Fehler in diesem Buch entdecken, würden wir uns über einen kurzen Hinweis an fehler@verbum-medien.de freuen.

Menschen des Evangeliums

Michael Reeves

Verbum Medien

Wie fein und lieblich ist's,
wenn Brüder Seite an Seite für den
Glauben des Evangeliums kämpfen
(in Anlehnung an Ps 133,1).

Für Dan

Inhaltsverzeichnis

1. Was sind Menschen des Evangeliums?

»Ihr Lieben, da es mich drängt, euch zu schreiben von unser aller Heil, halte ich's für nötig, euch in meinem Brief zu ermahnen, dass ihr für den Glauben kämpft, der ein für alle Mal den Heiligen anvertraut ist.«

Judas 3

Dies ist ein Buch darüber, was es bedeutet, Menschen des Evangeliums zu sein. Mit anderen Worten ist es ein Buch darüber, was es heißt, evangelikal zu sein. Ich glaube, dass wir *aus biblischer Sicht* dafür argumentieren können, dass es wichtig und gut ist, evangelikal zu sein.

Dabei möchte ich keineswegs alles gutheißen, was sich selbst als »evangelikal« bezeichnet. Ganz im Gegenteil! Es scheint, als wäre der Evangelikalismus heute zwar viele Kilometer breit, aber nur ein paar Zentimeter tief. Wie Mark Noll es einmal formulierte: »Der Skandal des evangelikalen Denkens ist, dass es nicht viel evangelikales Denken gibt.« Der Erfolg der Bezeichnung »evangelikal« im 20. Jahrhundert führte dazu, dass immer mehr Menschen sie für sich in Anspruch nahmen. Das wiederum führte zu einer theologischen Entleerung dieser Bezeichnung. Überall auf der Welt gibt es Menschen, die sich selbst »evangelikal« nennen, ohne an den klassischen evangelikalen Überzeugungen festzuhalten. Hinzu kommt das Problem, dass heute evangelikal zu sein mit ganz bestimmten Gepflogenheiten, politischen Ansichten oder ethnischen Gruppen assoziiert wird.

Mit anderen Worten steht der Evangelikalismus gegenwärtig vor einer Integritätskrise. »Die Evangelikalen« werden sowohl von anderen als auch von sich selbst durch andere Dinge definiert als durch das Evangelium. Um wirklich Menschen *des Evangeliums* zu werden, müssen wir zu unserem Ausgangspunkt zurückkehren – zu dem Glauben, »der ein für alle Mal den Heiligen anvertraut ist«.

Was sollten wir also darunter verstehen, evangelikal, Menschen des Evangeliums, zu sein? Wir können den Begriff nicht einfach anhand dessen definieren, was wir heute im »Evangelikalismus« sehen. Um den Evangelikalismus richtig zu verstehen und zu definieren, müssen wir tun, was Evangelikale seit jeher getan haben: Wir müssen den Begriff an seine Wortherkunft aus dem »evangel« zurückführen. Der Evangelikalismus wird durch das »evangel« definiert (*euangelion* ist das griechische Wort für »gute Nachricht«). Evangelikale sind »Evangeliums-Menschen« oder »Menschen des Evangeliums«. Manche von ihnen mögen den Begriff »evangelikal« vielleicht nicht, andere hingegen verwenden diese Bezeichnung, ohne selbst Menschen des Evangeliums zu sein. Doch den Begriff auf eine andere Weise zu definieren, ist eine Verzerrung der eigentlichen Bedeutung des Wortes »evangelikal«. Evangelikal zu sein heißt per Definition, nicht einer bestimmten Ethnie oder Partei anzugehören, sondern dem Evangelium.

Der Evangelikalismus muss also *theologisch* definiert werden. Evangelikal zu sein bedeutet, nicht aus kulturellen oder politischen, sondern aus theologischen und biblischen Überzeugungen heraus zu handeln. Gegenstand des Evangelikalismus ist das Evangelium, das durch die Schrift offenbart ist. Möchte man es technisch ausdrücken, so könnte man sagen: Sein Materialprinzip ist das Evangelium, und sein Formalprinzip ist die Wahrheit und die Überlegenheit der Heiligen Schrift, in der dieses Evangelium gefunden wird. Es ist ein Bekenntnis zur Guten Nachricht von Jesus Christus, die wir in der Bibel finden. Er ist der Kern des klassischen Christentums. Das bedeutet, dass Menschen, die vom Evangelium durchdrungen sind, evangelikal sind – unabhängig davon, ob sie diese Bezeichnung benutzen oder nicht. Es bedeutet jedoch auch, dass jemand, der sich selbst als »Evangelikaler« identifiziert oder von den Medien so bezeichnet wird, aber nicht gemäß dem Evangelium lebt, nicht evangelikal ist. Das bedeutet nicht, dass der Evangelikalismus substanzlos oder verschwommen wäre, sondern vielmehr, dass die Bezeichnung nicht mehr korrekt verwendet wird.

Evangelikale Theologie

So etwas wie *das* evangelikale Glaubensbekenntnis gibt es nicht. Gibt es also so etwas wie evangelikale Theologie überhaupt? Wie wir festgestellt haben, muss das Evangelium per Definition Zentrum und Hauptgegenstand des Evangelikalismus sein. Daraus folgt, dass sein formales Prinzip (oder die Art und Weise, wie der Gegenstand – der Evangelikalismus – bekannt ist) die Wahrheit und Vorrangstellung der Schrift sein muss, in dem dieses Evangelium gefunden wird. Aber können wir noch mehr sagen, ohne gleich eine politische Agenda fördern zu müssen? Um diese Frage zu beantworten, sehen wir uns an, wie der Apostel Paulus vom Evangelium spricht. Nehmen wir zum Beispiel die ersten Zeilen seines Briefes an die Römer:

> »Paulus, ein Knecht Christi Jesu, berufen zum Apostel, ausgesondert zu predigen das Evangelium Gottes, das er zuvor verheißen hat durch seine Propheten in der Heiligen Schrift, von seinem Sohn, der geboren ist aus dem Geschlecht Davids nach dem Fleisch, der eingesetzt ist als Sohn Gottes in Kraft nach dem Geist, der da heiligt, durch die Auferstehung von den Toten – Jesus Christus, unserm Herrn.« (Röm 1,1–4)

Für Paulus ist das Evangelium demnach

1. trinitarisch: Es ist die Frohe Botschaft des Vaters über den Sohn, der als Sohn Gottes eingesetzt ist in Kraft nach dem Heiligen Geist (vgl. Röm 1,4).
2. biblisch: Es wird in der Heiligen Schrift verkündet.
3. christuszentriert: Es geht dabei um den Sohn Gottes.
4. Geist-gewirkt: Der Sohn wird durch den Heiligen Geist offenbart.

Dieselben Bestandteile sehen wir auch in Paulus' Brief an die Korinther:

> »Denn Christus hat mich nicht gesandt zu taufen, sondern das Evangelium zu predigen – nicht mit weiser Rede, auf dass nicht das Kreuz Christi zunichtewerde.
>
> Denn das Wort vom Kreuz ist eine Torheit denen, die verloren werden; uns aber, die wir selig werden, ist es Gottes Kraft. Denn es steht geschrieben:
>
> > ›Ich will zunichtemachen die Weisheit der Weisen, und den Verstand der Verständigen will ich verwerfen.‹

Wo sind die Klugen? Wo sind die Schriftgelehrten? Wo sind die Weisen dieser Welt? Hat nicht Gott die Weisheit der Welt zur Torheit gemacht? Denn weil die Welt durch ihre Weisheit Gott in seiner Weisheit nicht erkannte, gefiel es Gott wohl, durch die Torheit der Predigt selig zu machen, die da glauben. Denn die Juden fordern Zeichen und die Griechen fragen nach Weisheit, wir aber predigen Christus, den Gekreuzigten ...

Auch ich, meine Brüder und Schwestern, als ich zu euch kam, kam ich nicht mit hohen Worten oder hoher Weisheit, euch das Geheimnis Gottes zu predigen. Denn ich hielt es für richtig, unter euch nichts zu wissen als allein Jesus Christus, ihn, den Gekreuzigten. Und ich war bei euch in Schwachheit und in Furcht und mit großem Zittern; und mein Wort und meine Predigt geschahen nicht mit überredenden Worten der Weisheit, sondern im Erweis des Geistes und der Kraft, auf dass euer Glaube nicht stehe auf Menschenweisheit, sondern auf Gottes Kraft.« (1 Kor 1,17–23; 2,1–5)

Auch hier macht Paulus deutlich, dass das Evangelium

1. nicht menschliche Weisheit, sondern Gottes geoffenbarte Weisheit ist.
2. sich um Jesus Christus, den Gekreuzigten, dreht.
3. durch die Kraft des Heiligen Geistes wirksam wird.

Später im 1. Korintherbrief wendet der Apostel sich wieder den Angelegenheiten »von größter Bedeutung« (so übersetzt die englische ESV »als Erstes« in Vers 3; Anm. d. Übers.) zu und setzt ähnliche Schwerpunkte:

> »Ich erinnere euch aber, Brüder und Schwestern, an das Evangelium, das ich euch verkündigt habe, das ihr auch angenommen habt, in dem ihr auch fest steht, durch das ihr auch selig werdet, wenn ihr's so festhaltet, wie ich es euch verkündigt habe; es sei denn, dass ihr's umsonst geglaubt hättet.
>
> Denn als Erstes habe ich euch weitergegeben, was ich auch empfangen habe: Dass Christus gestorben ist für unsre Sünden nach der Schrift; und dass er begraben worden ist; und dass er auferweckt worden ist am dritten Tage nach der Schrift.« (1 Kor 15,1–4)

Wie zuvor wird das Evangelium von Paulus auch hier beschrieben als

1. biblisch: Es steht im Einklang mit der Heiligen Schrift.
2. christuszentriert: Es dreht sich um Christus und sein Erlösungswerk – vor allem um seinen Tod und seine Auferstehung.
3. neues Leben schaffend: Obwohl der Geist nicht ausdrücklich erwähnt wird, wird vom Evangelium nicht als bloße Information, sondern als Botschaft des persönlichen Heils geredet.

Ich möchte nur noch ein Beispiel aus dem Brief an die Galater anführen. Paulus schreibt, um das Evangelium gegenüber Menschen zu verteidigen, die sich »zu einem andern Evangelium« wenden (1,6).

> »Denn ich tue euch kund, Brüder und Schwestern, dass das Evangelium, das von mir gepredigt ist, nicht von menschlicher Art ist. Denn ich habe es nicht von einem Menschen empfangen oder gelernt, sondern durch eine Offenbarung Jesu Christi.« (1,11–12)

Den Brief schließt er eindringlich mit diesen Worten:

> »Seht, mit wie großen Buchstaben ich euch schreibe mit eigener Hand! Die Ansehen haben wollen nach dem Fleisch, die zwingen euch zur Beschneidung,

> nur damit sie nicht um des Kreuzes Christi willen verfolgt werden. Denn nicht einmal sie selbst, die sich beschneiden lassen, halten das Gesetz, sondern sie wollen, dass ihr euch beschneiden lasst, damit sie sich eures Fleisches rühmen können. Es sei aber fern von mir, mich zu rühmen als allein des Kreuzes unseres Herrn Jesus Christus, durch den mir die Welt gekreuzigt ist und ich der Welt. Denn es gilt weder Beschneidung noch Unbeschnittensein, sondern die neue Schöpfung.« (6,11–15)

Wie in seinen Briefen an die Römer und Korinther spricht Paulus auch hier vom Evangelium als

1. Offenbarung: Es handelt sich nicht um ein Evangelium von Menschen, sondern es wurde von Gott geoffenbart.
2. Erlösung: Es geht um das Kreuz unseres Herrn Jesus Christus.
3. Wiedergeburt: Es bringt die völlige Erneuerung einer neuen Schöpfung mit sich.

Jede Definition des »evangel« und damit des Evangelikalismus muss sich an die Lehre der Apostel halten und deswegen diese Elemente beinhalten: die Trinität, die Begründung anhand der Schrift, Christus als das Zentrum und die Wiedergeburt durch den Geist. Es muss daher Gott-zentriert sein als das »Evangelium Gottes« (Röm 1,1) über den Vater, den Sohn und den Geist sowie das Werk des Vaters, des Sohnes und des Geistes. Um dem apostolischen Evangelium treu zu sein, muss es das Anliegen von Paulus für diese drei unentbehrlichen Dinge teilen: Offenbarung, Erlösung und Wiedergeburt.

In Anbetracht dessen argumentiere ich, dass der wahre Evangelikalismus eine klare Theologie hat, in deren Zentrum drei essentielle Lehren verankert sind, aus denen sich alles Weitere ergibt:

1. Die Offenbarung durch den Vater in der Bibel
2. Die Erlösung durch den Sohn im Evangelium
3. Die Wiedergeburt durch den Geist in unseren Herzen[2]

Wir können diese drei Elemente als »Inhaltsverzeichnis« für den Evangelikalismus verstehen. Es ist wichtig zu erwähnen, dass dieses Schema sowohl dem Nicänischen als auch dem Apostolischen Glaubensbekenntnis folgt. Damit wird deutlich, dass Evangelikalismus nicht nur versucht, einfaches, biblisches Christentum zu sein, sondern auch bekennendes, katholisches (im Sinne von allgemein, universal; Anm. d. Übers.) Christentum.

Das ist bloß die Kurzfassung. Mein Ziel in den nächsten drei Kapiteln ist es nun, ein evangelikales, biblisches Verständnis dieser Lehren zu entfalten, das in diesem Diagramm zusammengefasst ist:

Wenn wir dann die grundlegende Theologie des Evangelikalismus betrachtet haben, werden wir in der Lage sein, zu erkennen, wie der Römerbrief die Wichtigkeit des Evangelikalismus unterstreicht.

»Evangelikalismus« wird ein fadenscheiniges, verschwommenes Relikt bleiben, solange er auf einem anderen Fundament als diesem apostolischen Evangelium fußt. Wo Menschen jedoch diesem Evangelium verpflichtet sind, werden wir etwas von himmlischer Schönheit und Fruchtbarkeit sehen: eine aufrichtige Einheit im (sowie ein gemeinsames Streben für den) Glauben, der ein für alle Mal den Heiligen anvertraut ist.

2. Die Offenbarung durch den Vater

»Das erste Hauptmerkmal evangelikalen Glaubens«, schrieb J. C. Ryle, *»ist die absolute Vorrangstellung, die er der Heiligen Schrift einräumt*, als einziger Richtschnur des Glaubens und Lebens, als einzigem Prüfstein der Wahrheit, als einzigem Richter im Streitfall.«[1] Warum? Ganz einfach deshalb, weil Jesus lehrte, dass wir genau so die Wahrheit erkennen können.

Die Überlegenheit der Heiligen Schrift

So beschreibt Markus die Kontroverse zwischen Jesus und den Pharisäern über die Schrift und ihre Autorität:

> »Und es versammelten sich bei ihm die Pharisäer und einige von den Schriftgelehrten, die aus Jerusalem gekommen waren. Und sie sahen, dass einige seiner Jünger mit unreinen, das heißt ungewaschenen Händen das Brot aßen. Denn die Pharisäer und alle Juden essen nicht, wenn sie nicht die Hände mit einer Handvoll Wasser gewaschen haben, und halten so an der Überlieferung der

Ältesten fest; und wenn sie vom Markt kommen, essen sie nicht, bevor sie sich gewaschen haben. Und es gibt viele andre Dinge, die sie zu halten angenommen haben, wie: Becher und Krüge und Kessel und Bänke zu waschen. Da fragten ihn die Pharisäer und die Schriftgelehrten: Warum wandeln deine Jünger nicht nach der Überlieferung der Ältesten, sondern essen das Brot mit unreinen Händen? Er aber sprach zu ihnen: Richtig hat von euch Heuchlern Jesaja geweissagt, wie geschrieben steht:

›Dies Volk ehrt mich mit den Lippen,
aber ihr Herz ist fern von mir.

Vergeblich dienen sie mir,
weil sie lehren solche Lehren,
die nichts sind als Menschengebote.‹

Ihr verlasst Gottes Gebot und haltet an der Überlieferung der Menschen fest.

Und er sprach zu ihnen: Trefflich hebt ihr Gottes Gebot auf, damit ihr eure Überlieferung aufrichtet! Denn Mose hat gesagt: ›Du sollst deinen Vater und deine Mutter ehren‹, und: ›Wer Vater oder Mutter schmäht, der soll des Todes sterben.‹ Ihr aber lehrt: Wenn einer zu Vater oder Mutter sagt: Korban, das heißt: Opfergabe, soll sein, was dir von mir zusteht, so lasst ihr ihn nichts mehr tun für seinen Vater oder seine Mutter und hebt so Gottes Wort auf durch eure Überlieferung, die ihr weitergegeben habt; und dergleichen tut ihr viel.« (Mk 7,1–13)

Der Streit entzündete sich an der einfachen Frage des Händewaschens. Dabei ging es jedoch nicht um Körperpflege oder Hygiene. Die Pharisäer und Schriftgelehrten bekundeten nicht nur ihre Abneigung gegenüber Schmutzfinken am Esstisch.

Ihre Sorge war religiöser Natur. Sie wollten nicht »unrein« werden (V. 2). Deshalb bestanden sie auf einer zeremoniellen Handwaschung, um an der »Überlieferung der Ältesten« festzuhalten (V. 3). Nun warfen sie Jesus vor, dass seine Jünger sich nicht an diese Tradition hielten (V. 5). Darauf antwortete Jesus: »Ihr verlasst Gottes Gebot und haltet an der Überlieferung der Menschen fest« (V. 8). Offensichtlich ist die Schrift in Jesu Augen *von Gott*, während die Tradition *von Menschen* stammt. Und es ist pure Heuchelei, »eure Überlieferung« mit »Gottes Gebot« gleichzusetzen (V. 7–9).

Anschließend erläutert Jesus seine Auffassung von Bibel und Tradition, indem er die Lehre der Pharisäer über den Korban infrage stellt. »Korban« ist ein hebräisches Wort für ein Geschenk an Gott. Offensichtlich entstand dazu die Tradition, dass etwas, das einmal als Korban vorgesehen war, nie für etwas anderes verwendet werden konnte. Jesus führt das Beispiel eines jungen Mannes an, der etwas Geld als Korban beiseitegelegt hat. Später stellt er fest, dass seine betagten Eltern in Not sind. In dieser Situation, so argumentiert Jesus, würden die Pharisäer ihn aufgrund der Überlieferungen zum Korban »nichts mehr tun [lassen] für seinen Vater oder seine Mutter« (V. 12). Dadurch würden sie den jungen Mann aber gegen das Gesetz Moses verstoßen lassen: »Du sollst deinen Vater und deine Mutter ehren« (2 Mose 20, 12), und: »Wer Vater oder Mutter flucht, der soll des Todes sterben« (2 Mose 21, 17). So sündigten sie, indem sie das Wort *Gottes* ablehnten, um die Tradition *der Ältesten* aufrechtzuerhalten. Genau genommen hatten sie damit sogar eine Autorität beansprucht, die über Gottes Wort steht. Immerhin verboten sie etwas, das die Bibel befahl.

Jesu Standpunkt ist klar: Die Schrift ist göttlichen Ursprungs, auch wenn Mose die Worte sprach. Was »Mose [gesagt] hat« (V. 10), ist »Gottes Wort« (V. 13). Darum ist die Autorität der Heiligen Schrift unübertrefflich.

Jedes menschliche Denken und alle menschlichen Traditionen sind der Heiligen Schrift untergeordnet. Darum müssen wir alle Überlegungen und Gebräuche ablehnen, die mit der Heiligen Schrift in Konflikt stehen – nicht umgekehrt! Das Wort Gottes und die Worte bloßer Geschöpfe sind nicht und können nicht ebenbürtige Autoritäten sein. Wenn also das göttliche Wort mit menschlichen Worten im Widerspruch steht, muss die Bibel beachtet und die Tradition verworfen werden. Jesus verdeutlichte dies, wann immer er fragte: »Habt ihr nicht gelesen …?«, oder: »Was steht im Gesetz geschrieben?« Er hielt die Schrift für die höchste, genugsame Autorität, die alle unsere Worte und Gedanken überstimmen muss.

Seit der Verfassung des Neuen Testaments hat die Kirche dieses evangelikale Grundprinzip der Schrift als höchster Autorität wieder und wieder bekräftigt. Im 2. Jahrhundert stellte Irenäus die Autorität der Heiligen Schrift ins Zentrum seiner Reaktion auf den Gnostizismus. Die Schrift, so erklärte er, sei »das Fundament und die Grundsäule unseres Glaubens«.[2] Er sah den Hauptfehler der Gnostiker darin, die Bibel durch außerbiblische Prinzipien zu lesen und sie damit in eine fremde Form zu zwängen. Die Schrift kann nicht auf diese Weise gelesen werden, sondern muss durch die Schrift interpretiert werden. Keine andere Kenntnis, kein theologisches System und keine mündliche Überlieferung kann die wahre Bedeutung der Heiligen Schrift exakt vermitteln.[3] Knapp zwei Jahrhunderte später schrieb Athanasius über die kanonischen Bücher der Schrift: »Dieses sind die Quellen des Heiles, welche den Dürstenden mit ihren Worten erfüllen; in diesen allein wird die Lehre der Frömmigkeit verkündet. Niemand darf diesen etwas beifügen, und Niemand von diesen etwas wegnehmen.«[4] Eine Generation später formulierte Gregor von Nyssa (335–395 n. Chr.) den gleichen Glauben an die uneingeschränkte Autorität der Bibel:

> »Wir halten es nicht für richtig, ihre gängigen Bräuche zum Gesetz und zur Regel einer soliden Lehre

> zu machen. Denn wenn die Tradition als Beweis für Richtigkeit gelten soll, können auch wir unsere vorherrschende Tradition vorbringen; und wenn sie unsere ablehnen, sind wir sicher nicht verpflichtet, ihrer zu folgen. Lasst also die inspirierte Heilige Schrift unser Schiedsrichter sein, und die Stimme der Wahrheit wird sicher denen gegeben, deren Dogmen mit den göttlichen Worten übereinstimmen.«[5]

Eine Generation danach schrieb Augustinus: »Denn die Überlegungen von Menschen, auch wenn sie katholisch und von hohem Ansehen sind, dürfen von uns nicht so behandelt werden wie die kanonischen Schriften.«[6]

Ein ganzes Jahrtausend später, zur Zeit der Reformation, kam die Debatte über die Vorrangstellung der Schrift erneut auf. Dazu kam es, weil Martin Luther die römisch-katholische Kirche herausforderte, welche die Autorität der Heiligen Schrift zwar *bestätigte*, aber nicht glaubte, dass die Schrift die *höchste* Autorität besitze. Sylvester Prierias war der erste Theologe, der vom Papst dazu ernannt wurde, Luther zu disputieren, und er brachte die römisch-katholische Position unmissverständlich auf den Punkt: »Wer sich nicht an die Lehre der römischen Kirche und des Papstes hält als an die unfehlbare Glaubensregel, *von der auch die Heilige Schrift ihre Kraft und Autorität bezieht,* der ist ein Ketzer.«[7] Und auch heute noch lehrt der *Katechismus der Katholischen Kirche,* dass »›die Kirche‹, der die Weitergabe und Auslegung der Offenbarung anvertraut ist, ›ihre Gewißheit über alles Geoffenbarte nicht aus der Heiligen Schrift allein schöpft. Daher sind beide mit dem gleichen Gefühl der Dankbarkeit und der gleichen Ehrfurcht anzunehmen und zu verehren‹«[8]

Das Beharren von Luthers Gegnern auf der Autorität des Papstes machte die Problematik in den Augen des Reformators jedoch nur noch klarer. Er erkannte, dass die römisch-katholische Kirche nie durch Gottes Wort reformiert werden könnte, solange sie den Papst für eine Autorität hält, die der Bibel gleichzusetzen ist oder diese sogar übertrifft. Das Wort des Papstes würde Gottes Wort stets übertrumpfen. So wurde Luther immer deutlicher, dass der Papst die Schrift missbrauchte und dass ein Mensch niemals eine höhere Autorität beanspruchen konnte als Gottes Wort. Jeder Mensch, der sich über Gottes Wort stellt, stellt sich an die Stelle Gottes. Schließlich hat die Kirche das Wort Gottes nicht ins Dasein gerufen. Es war genau umgekehrt: Gottes Wort rief die Kirche ins Dasein, so wie Gottes Wort die erste Schöpfung ins Dasein gerufen hat. Gottes Wort steht an erster Stelle.

Tatsächlich hätte es ohne den Grundsatz der Heiligen Schrift als oberster Autorität keine Reformation gegeben. Dieses Grundprinzip unterschied Luther, den ersten Reformator, von Erasmus, dem Gelehrten, der das griechische Neue Testament weithin zugänglich machte, aber nie als Reformator angesehen wird. Erasmus hatte einen großen Respekt vor der Schrift, aber er hätte die Schrift niemals benutzt, um eine ernsthafte Reformation herbeizuführen. Für ihn besaß die Schrift keine klare, bestimmende Autorität und infolgedessen auch nicht die Fähigkeit, etwas grundlegend infrage zu stellen oder zu verändern. Die Autorität der Schrift war für Erasmus nicht absolut, »und so konnte ihre Botschaft zugeschnitten, ausgepresst und angepasst werden, um seiner eigenen Vorstellung vom Christentum zu entsprechen«. Um »eine tiefgreifende Reformation zu bewirken, bedurfte es Luthers Haltung, dass die Schrift das einzig sichere Fundament für den Glauben ist (*sola scriptura*). Die Bibel musste als höchste Autorität anerkannt werden. Man musste ihr erlauben, allen anderen Behauptungen zu widersprechen und diese außer Kraft zu setzen, sonst würde sie selbst außer Kraft gesetzt und ihre Botschaft verfälscht werden. Mit anderen Worten wäre die bloße Ehrfurcht vor der Bibel und das Eingeständnis, dass sie eine gewisse Autorität hat, nie genug gewesen, um die Reformation herbeizuführen. *Sola Scriptura* war der unverzichtbare Schlüssel zur Veränderung.«[9]

Noch deutlicher wird uns die Bedeutung der Schrift als oberste Autorität, wenn wir zwei weitere Männer miteinander vergleichen: Jonathan Edwards (1703–1758) und Friedrich Schleiermacher (1768–1834). Jonathan Edwards stand ganz im Zeichen der evangelikalen Tradition, während Friedrich Schleiermacher als Vater der liberalen Theologie bekannt ist. Zwischen ihnen gab es jedoch auch einige Gemeinsamkeiten: Sie standen beide der Herausforderung der Aufklärung gegenüber und waren sich einig, dass wahrer

Glaube mehr ist als die formale Zustimmung zu einer Liste von Lehrsätzen. Beide betonten die Wichtigkeit von Erfahrungen und Emotionen. Ansonsten schienen sie theologisch jedoch aus verschiedenen Universen zu kommen. Als Edwards über die Empfindungen eines Gläubigen schrieb, erklärte er: »Heilige Empfindungen haben keine Hitze ohne Licht. Es muss ständig die Mitteilung des Verstandes geben, damit es geistliche Unterweisung gibt, die der Sinn als Licht oder tatsächliche Erkenntnis empfängt.«[10] Die Hitze unserer Zuneigung – unsere Freude an Gott und unsere Liebe zu ihm – kommt also vom Licht der Wahrheit Gottes. Gottes Wort bewegt etwas in uns. Bei Schleiermacher war es genau umgekehrt. »Christliche Glaubenssätze«, schrieb er, »sind Auffassungen der christlich frommen Gemütszustände in der Rede dargestellt.«[11] Für Schleiermacher sind christliche Lehren demzufolge nichts anderes als das Produkt unserer religiösen Empfindungen. Gottes Wort hat diese Empfindungen nicht hervorgebracht, sondern unsere Gefühle haben unseren Glauben erzeugt. Unser Glaube basiert auf dem, was wir fühlen. Diese Idee stellte die Weichen für die liberale Theologie, indem sie menschliche Gefühle und menschliche Vernunft über die Heilige Schrift erhob.

Die Bibel und andere Autoritäten

Aus diesem kurzen historischen Überblick können wir den grundlegenden Unterschied zwischen der evangelikalen Herangehensweise an die Bibel und ihren Alternativen erkennen. Der Katholizismus betrachtet Bibel und Tradition gemeinsam als gleichwertige Autoritäten (ähnlich wie in der Ostkirche). Liberale Theologen in der Tradition Schleiermachers sehen menschliche Vernunft und Empfinden als ihr primäres Orientierungslicht. Im Gegensatz zu beiden folgt der evangelikale Ansatz der Lehre Jesu, dass die Schrift das Wort Gottes ist und daher alle Worte und Gedanken, Gefühle und Traditionen der Menschen übertrumpfen muss. Um es deutlich zu sagen: Evangelikale haben nicht bloß eine große Achtung vor der Bibel. Die Pharisäer hatten diese auch! Evangelikal zu sein bedeutet, uns mit Christus gegen die Pharisäer zu stellen, indem wir uns der Schrift als *oberster* Autorität unterwerfen und uns daher weigern, »Gottes Wort« (Mk 7,13) durch unsere eigenen Traditionen, Gedanken oder Gefühle ungültig zu machen. Evangelikal zu sein heißt, dass die Schrift alles übertrumpft.

Natürlich hat sich nicht alles, was sich selbst »evangelikal« nannte, an dieses evangelikale Prinzip gehalten. Überdies wurde das Prinzip nicht immer korrekt verstanden. Zu oft haben sich selbst ernannte »Evangelikale« einem antiintellektuellen »nur ich und meine Bibel«-Biblizismus zugewandt, der *jegliche* Weisheit aus anderen Quellen ablehnt. *Sola Scriptura* ist jedoch nicht dasselbe wie die Ansicht: »Wir sollten kein Glaubensbekenntnis, sondern nur die Bibel haben!« Das ist eine sub-evangelikale Position. Jesus lehnte menschliche Traditionen nicht grundsätzlich ab: Er feierte das Fest der Tempelweihe (vgl. Joh 10,22) und legte sich zu Tisch, um zu essen – wie es damals gebräuchlich war. Derselbe Apostel Paulus, der lehrte, dass selbst die scheinbare Torheit Gottes weiser ist, »als die Menschen« (1 Kor 1,25), konnte ebenso bestätigen, dass selbst Ungläubige etwas von der Wahrheit wissen und ausdrücken können. Als er sich an die Philosophen in Athen wandte, zitierte er heidnische Dichter, denen es gelungen war, etwas Wahres zu sagen, obwohl sie diese Wahrheit nicht vollständig begriffen hatten:

> »[F]ürwahr, er ist nicht ferne von
> einem jeden unter uns.
>
> Denn in ihm leben, weben und sind wir;
> wie auch einige Dichter bei euch gesagt haben:
>
> Wir sind seines Geschlechts.
>
> Da wir nun göttlichen Geschlechts sind, sollen wir nicht meinen, die Gottheit sei gleich den goldenen, silbernen und steinernen Bildern, durch menschliche Kunst und Gedanken gemacht.« (Apg 17,27–29)

Ebenso lehnten die Reformatoren nicht alle Traditionen oder Erkenntnisse außerhalb der Heiligen Schrift ab. Sie wollten keine neue Kirche aus dem Boden stampfen, sondern die bestehende erneuern. Darum waren sie bestrebt, ihre Verbindung mit der frühen Kirche zu betonen und von ihr zu lernen. Für sie bedeutete Reformieren auch Wiederfinden. So argumentierte Luther etwa, Konzile und Bekenntnisse sind gut und wichtig, wenn sie sich dem Irrtum widersetzen und den Glauben bewahren. Sein einziger Vorbehalt war, ein Konzil habe

> »keine Vollmacht, neue Artikel des Glaubens aufzustellen, wenn auch der heilige Geist bei ihm ist. Denn auch der Apostel Konzil zu Jerusalem, Apg. 15, setzt nichts Neues für den Glauben fest, sondern (wie Petrus Apg. 15,10 f. folgert, daß auch alle ihre Vorfahren diesen Artikel geglaubt haben) man müsse ohne das Gesetz, allein durch die Gnade Christi selig werden.«[12]

Die Glaubensbekenntnisse, die aus der Reformation hervorgingen, folgten diesem Beispiel. So heißt es etwa in den Neununddreißig Artikeln der anglikanischen Kirche:

> »Die Kirche hat das Recht, Riten festzusetzen, und hat Vollmacht in Glaubensstreitigkeiten. Doch ist es der Kirche nicht erlaubt, etwas anzuordnen, was dem geschriebenen Worte Gottes entgegen ist, und sie darf auch nicht eine Schriftstelle so erklären, dass sie einer andern widerspricht. Obwohl daher die Kirche Zeugin und Bewahrerin der göttlichen Bücher ist, so darf sie doch nichts im Gegensatz zu ihnen beschließen und ebenso auch abgesehen von ihnen nichts als heilsnotwendigen Glaubenssatz aufdrängen.«[13]

Evangelikal zu sein bedeutet zu glauben, was die Kirche als Ganzes immer gelehrt hat. Es bedeutet, das Gegenteil von eigenbrötlerisch zu sein. Denn das Wort Gottes ist der Kirche insgesamt gegeben, und sogar wenn wir es als Einzelne lesen, tun wir dies als Teil der Kirche. Wir sollten uns nach dem verkündigten Wort von vertrauenswürdigen Lehrern sehnen. Wir sollten die Einsichten und Weisheiten der Heiligen hören wollen, sowohl der toten, als auch der lebenden.

Vielleicht ist der Hauptgrund, warum Evangelikale manchmal historisch kurzsichtig und biblizistisch waren (»Kein Glaubensbekenntnis; nur die Bibel!«), die Angst, dass irgendeine Tradition oder Einsicht zur *obersten* Autorität werden könnte. Das ist eine vernünftige und richtige Angst. Wir müssen zusehen, »dass euch niemand einfange durch die Philosophie und leeren Trug, die der Überlieferung der Menschen und den Elementen der Welt folgen und nicht Christus« (Kol 2,8). Diese Sorgfalt darf jedoch nicht zu einem panischen Rückzug von allem Lernen und jeder Tradition werden. Stattdessen müssen wir schlichtweg klarstellen, dass Vernunft und Tradition eine *ministerielle* Autorität haben. Es sollte uns daher beunruhigen, wenn wir die traditionelle Lehre der Kirche verlassen – auch wenn sie keine *magistrale* Autorität besitzt. Nur die Schrift hat eine solche Autorität. Wenn wir die Bibel mit einem Bücherregal vergleichen, dann entspricht die Tradition der Aufzeichnung dessen, was die Kirche dort gelesen und verstanden oder missverstanden hat; und die Vernunft entspricht der Brille, die wir tragen, wenn wir versuchen, das Gelesene zu verstehen.[14]

Es gibt eine Reihe von Autoritäten, denen sich ein gesunder Evangelikaler unterordnen sollte: den Regierungsbehörden seines Landes (vgl. Röm 13,1), den Ältesten in seiner Gemeinde und den Glaubensbekenntnissen. Alle diese Autoritäten – zusammen mit der christlichen Tradition und der Vernunft –, sind jedoch nicht unfehlbar und nicht so zuverlässig wie das Wort Gottes. Sie stammen von Menschen. Die Schrift hingegen stammt von Gott. Sie müssen sich der Schrift beugen, nicht umgekehrt. Wir sollten auf sie hören, doch die Schrift muss uneingeschränkt herrschen.

J. C. Ryle fasste die evangelikale Position gut zusammen, als er schrieb:

> »Die evangelikale Religion verachtet das Lernen, die Forschung oder die Weisheit vergangener Tage nicht. Dies zu behaupten, ist nicht wahr ... Lasst uns jene betrachten, die in den vergangenen Tagen für die theologische Forschung in diesem Land von essentieller Bedeutung waren, und ich wage zu behaupten, dass die meisten von ihnen Evangelikale waren ... Doch obwohl wir das Lernen nicht verachten, weigern wir uns beständig, uninspirierte Schriften auf eine Ebene mit der Offenbarung zu stellen.«[15]

Die Inspiration der Schrift

Der Grund, warum Evangelikale die Bibel als ihre höchste Autorität behandeln, liegt darin, dass sie das Wort *Gottes* ist. Mit anderen Worten glauben Evangelikale an das, was traditionell als die »Inspiration« der Schrift bezeichnet wird. Heute kann das Wort *Inspiration* ein wenig irreführend sein. Es klingt, als ob Mose, Paulus und Lukas eines Tages schlichtweg von der Muse geküsst wurden und anfingen, etwas hinzukritzeln. Das ist jedoch nicht damit gemeint. Unter *Inspiration* verstehen wir, was Paulus Timotheus lehrt, wenn er darüber schreibt, wie

> »du von Kind auf die heiligen Schriften kennst, die dich unterweisen können zur Seligkeit durch den Glauben an Christus Jesus. Denn alle Schrift, von Gott eingegeben, ist nütze zur Lehre, zur Zurechtweisung, zur Besserung, zur Erziehung in der Gerechtigkeit, dass der Mensch Gottes vollkommen sei, zu allem guten Werk geschickt.« (2 Tim 3,15–17)

Das heißt, alle »heiligen Schriften« der ganzen Schrift wurden »von Gott eingegeben«. Sie sind wörtlich »gottgehaucht«. Um zu erfassen, was Paulus hier schreibt, wäre es präziser (wenn auch ein wenig seltsam), von der *Ex-spiration*, anstatt von der *In-spiration* der Schrift zu sprechen. Das meint er an dieser Stelle. Es sind nicht nur einige Teile der Schrift, die von Gott gehaucht sind – auch nicht nur das große Ganze der Schrift. Nein, alle Schrift, in jedem Teil und in jedem Wort, ist von Gott geatmet. Theologen sprechen von der *Plenarinspiration*, um die Tatsache zum Ausdruck zu bringen, dass die ganze Schrift von Gott eingegeben wurde, sowie von *Verbalinspiration*, um zu verdeutlichen, dass jedes einzelne Wort des Urtextes eingeschlossen ist.

Um das Wort Gottes richtig zu lesen, sollten Evangelikale darauf bedacht sein, dass die Schrift ihre doppelte Autorenschaft bezeugt. So kann Lukas in ein und demselben Abschnitt austauschbar vom »Gesetz des Mose« und dem »Gesetz des Herrn« schreiben (Lk 2,22–23). Gelegentlich sehen wir, dass dies bedeutet, dass Gott tatsächlich seine Worte diktierte, wie am Berg Sinai – dort »schrieb Mose alle Worte des HERRN nieder« (2 Mose 24,4). Normalerweise bedeutet es hingegen, dass »getrieben vom Heiligen Geist … Menschen in Gottes Auftrag geredet« haben (2 Petr 1,21). Das heißt, David, Johannes und Matthäus schrieben selbst, und zwar so, dass ihre unterschiedlichen Persönlichkeiten im Text durchklingen. Trotzdem schrieben sie »durch den Heiligen Geist« (Mk 12,36). In jedem Wort, das sie abfassten, wurden sie vom Geist »getrieben« (2 Petr 1,21) und geführt. Sie erdichteten nichts oder gaben nur ihre eigenen Meinungen wieder, sondern waren wie unterschiedlich klingende Instrumente, die alle von demselben göttlichen Musiker gespielt wurden. So kann *jedes* Wort der Bibel – einschließlich jedem Wort von Hosea, Markus und Judas – als von Gott gehaucht angesehen werden.

Die völlige Vertrauenswürdigkeit der Schrift

Auch dies ist ein fester Bestandteil des evangelikalen Prinzips der Vorrangstellung der Schrift. Die Bibel kann nur dann unsere oberste Autorität sein, wenn sie völlig wahrheitsgemäß und daher völlig vertrauenswürdig ist. Wenn sie fehlerhaft wäre, wie könnten wir dann zulassen, dass sie alles andere außer Kraft setzt? Dank unseres Herrn können wir uns der Heiligen Schrift zuversichtlich unterordnen. Jesus betonte wiederholt, dass alles, was die Schrift sagt, Gott selbst sagt. So argumentierte er etwa in einem Gespräch mit den Pharisäern über die Scheidung:

> »Er aber antwortete und sprach: Habt ihr nicht gelesen, dass der Schöpfer sie am Anfang schuf als Mann und Frau und sprach: ›Darum wird ein Mann Vater und Mutter verlassen und an seiner Frau hängen, und die zwei werden ein Fleisch sein‹? So sind sie nun nicht mehr zwei, sondern ein Fleisch. Was nun Gott zusammengefügt hat, das soll der Mensch nicht scheiden!« (Mt 19,4–6)

Hier zitiert Jesus 1. Mose 2,24. Dort wird diese Aussage jedoch nicht von Gott gemacht; es handelt sich vielmehr um einen Kommentar des Erzählers. Jesus versteht diese Worte dennoch als die Worte des »Schöpfers«. Für Jesus ist die Schrift das Wort Gottes. Deshalb lehrte er, »die Schrift kann doch nicht gebrochen werden« (Joh 10,35). Zu behaupten, dass das Wort Gottes fehlerhaft oder nicht zuverlässig ist, würde bedeuten, dass Gott fehlerhaft und nicht zuverlässig ist. Aber er *ist* die Wahrheit! Er ist vollkommen und vertrauenswürdig. Deshalb muss auch sein Wort so sein. Die Vollkommenheit des Wortes Gottes leitet sich aus der Vollkommenheit Gottes ab.

Manche behaupten, dass die Bibel aufgrund ihrer doppelten Autorenschaft – der Tatsache, dass Gott durch seine Propheten und Apostel spricht – Fehler enthält. Irren ist schließlich menschlich, oder? Das stimmt jedoch schlichtweg nicht: Adam war ursprünglich nicht sündig. Auch der Mensch Jesus war es nicht. In ihm sehen wir vielmehr sündloses Menschsein und damit, wie wir sein sollten. Wie Gott sich in der Menschlichkeit Jesu vollkommen offenbarte, so spricht er durch die menschlichen Autoren der Schrift ebenso vollkommen. Andernfalls könnte die Schrift gebrochen werden (vgl. Joh 10,35). Evangelikale können daher zusammen mit dem Apostel Paulus beteuern: »Gott ist wahrhaftig, und alle Menschen sind Lügner« (Röm 3,4). Jedes Wort der Bibel wurde von einem vertrauenswürdigen Gott eingegeben. Daher können wir ihr so vertrauen, wie Jesus es getan hat. Das bedeutet keinesfalls, dass jemand durch den Glauben an die Vertrauenswürdigkeit der Schrift *gerettet* wird.

Umgekehrt bist du vielleicht ein *Christ* und glaubst dennoch, dass die Bibel fehlerhaft ist. Es ist jedoch nicht *evangelikal* zu sagen, dass die Schrift nicht zuverlässig ist.

Nichts davon ist eine ausgefallene, moderne Version des Christentums. Vielmehr hat Irenäus dies bereits im 2. Jahrhundert gelehrt, als er argumentierte, »daß die Schrift vollkommen ist, weil sie von Gottes Wort und seinem Geist gesprochen ist.«[16] Außerdem schrieb er:

> »[S]o wollen wir zurückkehren zu dem Beweise aus den Schriften der Apostel, die das Evangelium verfaßt haben, indem wir aus dem, was sie als Lehre über Gott geschrieben haben, den Nachweis führen, daß unser Herr Jesus Christus die Wahrheit, und daß keine Lüge in ihm ist. So hat auch David seine Geburt aus der Jungfrau und seine Auferstehung von den Toten verkündet, indem er sagte: ›Die Wahrheit ist aus der Erde hervorgegangen‹ (Ps 84,12). Aber auch die Apostel sind als Schüler der Wahrheit außerhalb aller Lüge, denn die Lüge hat ebensowenig Anteil an der Wahrheit wie die Finsternis an dem Licht, denn die Gegenwart des einen schließt die des andern aus.«[17]

Dasselbe lehrte auch Augustinus: »Ich habe gelernt«, schrieb er, »diesen Respekt und diese Ehre nur den kanonischen Büchern der Schrift zu erweisen: Allein von diesen glaube ich fest, dass ihre Autoren völlig frei von Irrtümern waren.«[18] Auch schrieb er: »Denn höchst verderblich scheint mir der Glaube, es befinde sich in jenen heiligen Büchern eine Lüge, d. h. jene Männer, durch die die Heilige Schrift verfaßt und uns überliefert worden ist, hätten in ihren Schriften gelogen.«[19]

Genau dies ermöglichte es Luther, zwischen dem Respekt, den er der Tradition zollte, und der uneingeschränkten Unterordnung, die er nur der Schrift entgegenbrachte, zu unterscheiden:

> »Wer macht uns dessen sicher, dass die Väter nicht geirrt haben – denn sie haben oft geirrt, wie du selbst bekennst –, wenn ihr Ansehen hoch ist und sie nicht nach göttlicher Schrift gerichtet und beurteilt werden? Sie haben, sagst du, auch die Schrift ausgelegt. Wie, wenn sie sowohl im Auslegen als auch in ihrem Leben und Schreiben geirrt hätten? Auf diese Weise lässt du nur Menschliches gelten und machst aus den Menschen Götter. Und das Wort der Menschen machst du so dem Wort Gottes gleich.«[20]

Mit anderen Worten sind die Väter nicht unfehlbar und nicht vollkommen zuverlässig, weshalb man nicht bedingungslos auf sie hören kann. Sie sind nicht wie das Wort Gottes.

Im letzten Jahrhundert wurde jedoch – insbesondere nach dem Vorbild des Schweizer Theologen Karl Barth – die Behauptung aufgestellt, dass diese Ansicht nichts anderes sei als ein wenig modernistischer Rationalismus. Barth nannte es ein »neues Verständnis biblischer Inspiration.«[21] Seine Befürchtung war, dass die protestantische Orthodoxie die Bibel in eine Schublade stecken wollte, um sie unter menschliche Kontrolle zu bringen. Auf diese Weise könnten wir laut Barth Meister und Herren des Wortes Gottes werden, anstatt uns auf die Gnade Gottes zu verlassen. Eine menschliche Lehre würde damit das göttliche Wort an die Leine legen. Anders ausgedrückt haben wir danach die Lehre von der Vertrauenswürdigkeit der Schrift geschaffen, *damit* wir uns auf das Wort Gottes verlassen können.

Das sind ernste Anschuldigungen! Wenn sie auf uns zutreffen, können wir uns nicht länger rechtmäßig als evangelikal bezeichnen. Wenn unsere Loyalität dem Wort Gottes gegenüber von einer vorherigen Loyalität einer menschlichen Lehre gegenüber abhängt, dann müssen wir Farbe bekennen und zugeben, dass wir genauso falsch liegen wie die Pharisäer. Das ist jedoch keinesfalls die Absicht des Evangelikalismus. Evangelikale glauben nicht, dass die Schrift *aufgrund* einer Lehre der Inspiration, der Irrtumslosigkeit oder der Unfehlbarkeit vertrauenswürdig ist. Sie glauben vielmehr, dass die Bibel zuverlässig ist, weil Jesus dies lehrt und die Schrift sich als vertrauenswürdig erweist. Und was den modernistischen Rationalismus in unserem Denken über die Bibel betrifft, so müssen wir stets Buße tun, wo immer unsere Auffassungen nicht mit der Bibel übereinstimmen. John Stott erklärte:

> »Was wir Evangelikalen sein wollen, ist schlichtweg: biblische Christen. Deshalb ist unsere Behauptung, der evangelikale Glaube sei der historische christliche Glaube, nicht die arrogante Behauptung, als die sie klingen mag – wenngleich

> sie manchmal auf arrogante Weise vorgetragen wurde. Wenn gezeigt werden kann, dass wir die biblische Botschaft missverstanden oder verzerrt haben, sei es durch Addition oder durch Subtraktion, sei es durch Manipulation oder durch Abweichung, dann müssen wir sofort bereit sein, uns zu ändern. Unser Ziel – in aller Demut – ist es, der biblischen Offenbarung gegenüber loyal zu sein.«[22]

Dabei spricht Stott einen entscheidenden Grund an, warum viele einen Einwand gegen das evangelikale Bibelverständnis erheben: Es liegt daran, dass wir es immer noch schaffen, die biblische Botschaft misszuverstehen oder zu verzerren. Unser Versagen, die Schrift richtig zu lesen, sagt jedoch nichts über ihre tatsächliche Vertrauenswürdigkeit aus. Es zeigt uns nur, dass selbst die höchste Sichtweise auf die Schrift zu haben, uns noch nicht bibeltreu macht. Es ist nicht unsere *Lesart* der Schrift, die absolut vertrauenswürdig ist. Wir können die höchste Sicht auf die Schrift haben und dennoch schlechte Interpretation, schlechte Apologetik und schlechte Theologie betreiben.

Es ist hilfreich, die bedachte Art und Weise, in der die Chicago-Erklärung zur Biblischen Irrtumslosigkeit spricht, zu lesen:

> »Die Heilige Schrift hat als Gottes eigenes Wort, das von Menschen geschrieben wurde, die vom Heiligen Geist zugerüstet und geleitet wurden, in

> allen Fragen, die sie anspricht, unfehlbare göttliche Autorität: Ihr muss als Gottes Unterweisung in allem geglaubt werden, was sie bekennt; ihr muss als Gottes Gebot gehorcht werden, in allem, was sie fordert; sie muss als Gottes Unterpfand in allem ergriffen werden, was sie verheißt.«[23]

Der Bibel muss in allem geglaubt werden, *»was sie bekennt«*.[24] An der Glaubwürdigkeit der Schrift festzuhalten, bedeutet also nicht, dass wir beispielsweise Psalm 14,1 aus dem Zusammenhang reißen und behaupten können: »Es ist kein Gott.« Wir müssen beim Lesen der Bibel sensibel für den Zusammenhang sein und die Schrift durch die Schrift interpretieren. Auch dürfen wir nicht zulassen, dass unser Verständnis einer Passage im Widerspruch zu dem steht, was die Schrift an anderer Stelle ausdrücklich lehrt. Ebenso müssen wir die verschiedenen Literaturgattungen innerhalb der Bibel beachten. Geschichte muss als Geschichte und Poesie als Poesie gelesen werden.

Mit dieser Warnung im Hinterkopf können Evangelikale mit Recht behaupten, dass die Schrift nicht nur im Großen und Ganzen wahr und vertrauenswürdig ist, oder nur dann, wenn sie von geistlichen Dingen spricht. Sie hat »in *allen* Fragen, die sie anspricht, unfehlbare göttliche Autorität«. Die Bibel ist sowohl vollumfänglich als auch in jedem Teil das Wort Gottes. So versuchen Evangelikale, *alles* zu lehren und zu bewahren, was die Schrift lehrt, und zwar mit der

Klarheit, Gewichtung und Dringlichkeit, welche die Schrift jedem einzelnen Thema beimisst.

Der alte Versucher wird immer flüstern: »Ja, sollte Gott gesagt haben …?« (1 Mose 3,1). Wenn Evangelikale aber an diesem Grundsatz nicht festhalten, dass Gottes Wort uns regiert, weil es sein ganz wahrhaftiges und daher völlig vertrauenswürdiges Wort ist, dann werden wir aufhören, evangelikal zu sein, wie auch immer wir uns nennen. Davor warnte auch B. B. Warfield mit diesen Worten:

> »Es verwundert nicht, dass derselbe ›Erkenntnisfortschritt‹, der eine veränderte Sicht der Bibel erfordert, auch eine ganz neue Theologie notwendig macht. Wenn die Schreiber des Neuen Testaments als Überbringer der Lehre nicht vertrauenswürdig sind, wir also für die Quelle und die Norm der Wahrheit über Gott, die Pflicht und die Unsterblichkeit woanders suchen müssen, wird es nicht verwunderlich sein, wenn sich ein ganz anderes Lehrsystem ergibt als das, was von den biblischen Schriften überliefert und von der Kirche fügsam aus ihnen empfangen wird.«[25]

Um es klarzustellen: Es ist nicht so, dass der authentische Evangelikalismus schlicht davon abhängt, dass wir eine tadellose Formulierung über die Bibel artikulieren. Allzu leicht können wir an unseren Überzeugungen im luftleeren Raum festhalten, anstatt ihnen gemäß zu handeln. Der authentische Evangelikalismus hängt von unserer Unterordnung unter Gottes Wort als unserer höchsten Autorität ab. Wo Gott gesprochen hat, da gehorchen wir.

Beten Evangelikale die Bibel an?

Manchmal wird Evangelikalen der Vorwurf gemacht, dass sie bei ihrer so hohen Sicht auf die Schrift der Bibliolatrie zu bezichtigen sind, d. h. der Anbetung der Bibel. Natürlich neigen Evangelikale dazu, diese Anschuldigung schnell abzutun, doch es kann tatsächlich etwas daran sein. Wie Bernard Ramm schrieb: »Die Versuchung des Biblizismus besteht darin, dass er von der Inspiration der Schrift *ohne* den Herrn, den diese bezeugt, sprechen kann.«[26] Das heißt, wir können die Sünde der Pharisäer begehen, indem wir die Schrift sorgfältig studieren, weil wir denken, dass wir in ihnen ewiges Leben haben, aber nicht zu Christus kommen, von dem sie Zeugnis geben (vgl. Joh 5,39–40). Ein solcher Biblizismus kann per Definition nicht wahrhaftig *evangelikal* sein, denn er ignoriert das Evangelium.

Das Problem dabei ist jedoch nicht die hohe Sicht auf die Schrift, die auch Jesus selbst hatte. Die Schwierigkeit liegt vielmehr beim Gedanken, dass das Leben in der Bibel *allein* zu finden sei, als ob das bloße Verstehen der Schrift mit dem rettenden Glauben gleichgesetzt werden könnte. Eine solche Sichtweise ist nicht biblisch und daher nicht evangelikal. Die Bibel weist nicht auf sich selbst hin. Vielmehr sind die Heiligen Schriften es, »die dich unterweisen können zur

Seligkeit *durch den Glauben an Christus Jesus*« (2 Tim 3,15). Sie sind Gottes Offenbarung des Sohnes durch den Geist. Wie J. I. Packer es ausdrückte:

> »Die Heilige Schrift sollte als Predigt Gottes betrachtet werden: Gott predigt jedes Mal zu mir, wenn ich einen Teil davon lese oder höre.
>
> Gott, der Vater, predigt Gott, den Sohn, in der Kraft von Gott, dem Heiligen Geist. Gott, der Vater, ist der Geber der Heiligen Schrift; Gott, der Sohn, ist das Thema der Heiligen Schrift; und Gott, der Geist, (als der, welcher vom Vater eingesetzt ist, um den Sohn zu bezeugen) ist der Autor, Beglaubiger und Ausleger der Heiligen Schrift.«[27]

Evangelikale stehen daher unerbittlich unter der Schrift, aber diese Haltung sollte uns nicht zu Legalisten, Pedanten oder Bibel-Anbetern machen. Denn, so wie es für Jesus selbst war, ist die Schrift auch für uns nicht das Endziel: Gott ist es! Die vom Geist eingegebene Schrift bezeugt Christus, das lebendige Wort des Vaters, damit wir zu ihm kommen und das Leben haben. So steht das erste Prinzip des Evangelikalismus – die Vorrangstellung der Schrift – nicht allein. Es muss zum zweiten führen.

3. Die Erlösung durch den Sohn

Das Evangelium Gottes ist die Nachricht »von seinem Sohn« (Röm 1,3), weshalb der Apostel Paulus beschloss, unter den Korinthern »nichts zu wissen als allein Jesus Christus, ihn, den Gekreuzigten« (1 Kor 2,2). Dem Evangelium treu zu sein bedeutet, Christus und seinen erlösenden Tod sowie seine Auferstehung als Angelegenheiten größter Wichtigkeit zu behandeln (»als Erstes« in 1 Kor 15,3 wird in einigen englischen Bibeln mit »von größter Wichtigkeit« übersetzt; Anm. d. Übers.). »Der Herzschlag der Evangeliumsbotschaft«, schreibt Conrad Mbewe, »ist das Leben, der Tod, das Begräbnis und die Auferstehung Christi an unserer Stelle. Sobald wir diese Botschaft verlieren, haben wir das Mittel verloren, mit dem Gott seiner Kirche auf Erden echte Bürger seines Reiches hinzufügt.«[1]

Nichts davon mag überraschend klingen. Ist eine solche Christuszentriertheit nicht einfach normales Christentum? In der Tat ist es so, und doch haben Christen es im Laufe der Jahrhunderte immer wieder geschafft, Jesus herabzustufen, ihn in ihr eigenes Bild zu pressen oder ihn als optionales Sahnehäubchen zu verwenden, um eine andere Agenda voranzutreiben. Über den liberalen Theologen Adolf von Harnack wurde etwa gesagt, dass der »Christus, den Harnack sieht, wenn er auf 19 Jahrhunderte katholischer Finsternis zurückblickt, nur das Spiegelbild eines liberalen protestantischen Gesichts ist, das er auf dem Grund eines tiefen Brunnens sieht.«[2]

Das ist nicht der evangelikale Weg. Evangelikale schauen auf die Schrift, um Christus zu erkennen, und dort finden sie den einzigartigen Sohn Gottes, einzigartig in seiner glorreichen Identität und völlig ausreichend als Retter. So schrieb J. C. Ryle:

> »Ein weiteres Hauptmerkmal evangelikaler Religion ist die überragende Bedeutung, die sie dem Werk und Amt unseres Herrn Jesus Christus und der Art der Erlösung beimisst, die er für den Menschen bewirkt hat. Der Kern ihrer Lehre ist, dass der ewige Sohn Gottes, Jesus Christus, durch sein Leben, seinen Tod und seine Auferstehung als unser Repräsentant und Stellvertreter ein vollständiges Heil für die Sünder und eine Erlösung von der Schuld, der Macht und den Folgen der Sünde erlangt hat, und dass alle, die an ihn glauben, schon zu ihren Lebzeiten vollkommene Vergebung erfahren und von allen Dingen gerechtfertigt sind, zudem vor Gott als vollkommen gerecht gelten und an Christus und allen seinen Wohltaten teilhaben.«[3]

Die einzigartige Identität Christi

Das Johannesevangelium beginnt wie ein Sonnenstrahl, der die Wolkendecke durchbricht, mit der glorreichsten aller Aussagen über die einzigartige Identität Christi:

> »Im Anfang war das Wort, und das Wort war bei Gott, und Gott war das Wort. Dasselbe war im Anfang bei Gott.
>
> Alle Dinge sind durch dasselbe gemacht, und ohne dasselbe ist nichts gemacht, was gemacht ist. In ihm war das Leben, und das Leben war das Licht der Menschen.« (Joh 1,1–4)

Derjenige, der Fleisch ward (vgl. V. 14), war das Wort, das der Vater in seinem Schöpfungswerk in 1. Mose 1 ausgesprochen hat. Er ist der Ausdruck des Vaters, durch den alles geschaffen wurde. Er selbst wurde hingegen nicht erschaffen. Bevor alle Dinge durch ihn gemacht wurden, war er bei Gott und er war Gott. Er, der das Wort Gottes ist, gehört in die tiefste, wesenhafte Nähe und Einheit mit Gott und zeigt die innerste Wirklichkeit von Gottes Wesen. Er ist, wie es in Hebräer 1,3 heißt, »der Abglanz seiner Herrlichkeit und das Ebenbild seines Wesens«. Als solches weist er nicht nur den Weg zum Leben, wie ein menschlicher Prophet. Er ist der Lebende. Er ist das Leben, und das Leben ist »in ihm« zu finden (V. 4).

Diese Wahrheiten über den Sohn Gottes sind so lebenswichtig, dass sie Gegenstand des vielleicht größten Konfliktes waren, den die Kirche in den Jahrhunderten nach dem Neuen Testament ausfocht. Wie die Worte des Nicänischen Glaubensbekenntnisses verdeutlichen, sahen die Christen, dass das Evangelium davon abhängt, dass Jesus Christus »Gott von Gott, Licht vom Licht, wahrer Gott vom wahren Gott, gezeugt, nicht geschaffen, eines Wesens mit dem Vater« ist. Es bedeutet, dass es keinen Gott im Himmel gibt, der anders ist als Jesus. Und es bedeutet, dass er allein der Weg und die Wahrheit und das Leben ist. Niemand kommt zum Vater außer durch ihn (vgl. Joh 14,6).

Johannes stellt in den ersten Versen seines Evangeliums einen ewigen Titel Christi in den Mittelpunkt: »das Wort Gottes«. Ab Vers 12 verlagert sich sein Schwerpunkt jedoch auf einen anderen ewigen Titel. In Vers 12 deutet Johannes diesen Titel nur an, wenn er schreibt: »Wie viele ihn aber aufnahmen, denen gab er Macht, Gottes Kinder zu werden: denen, die an seinen Namen glauben.« Doch welches Wesen kann diesen Segen der Adoption gewähren? Nur eines, das den Namen »des eingeborenen Sohnes vom Vater, voller Gnade und Wahrheit« (V. 14) trägt; nur »der Eingeborene, der Gott ist und in des Vaters Schoß ist« (V. 18). Kein anderer Gott könnte einen solchen Segen anbieten, außer demjenigen, der an der Seite bzw. im Schoß des Vaters ist. Wenn der Jünger, den Jesus lieb hatte, an dessen Brust zu Tisch lag (vgl. 13,23), bringt Jesus ihn dorthin, wo er selbst ist (vgl. 17,24): zum Schoß des Vaters.

Johannes hat damit Christi Identität bestätigt, die kein menschlicher Lehrer und keine Erlöserfigur in irgendeinem anderen Glaubenssystem der Welt hat. Auf dieser Identität beruht das Evangelium. Wenn es keinen ewigen Sohn gibt, so ist Gott nicht wirklich ein Vater, und er könnte uns niemals das Recht geben, seine Kinder zu sein. Wenn Christus diese einzigartige Identität nicht hätte, könnte er uns auch nicht in den Schoß des Vaters bringen. Ein bloßes Geschöpf könnte uns nicht an etwas teilhaben lassen, was es selbst nicht kannte.

Johannes macht auch deutlich, warum Christus-Zentriertheit nicht unausgewogen ist – als ob eine solche Hingabe an Christus den Vater und den Geist missachten würde. Christus selbst ist das Wort, das Gott offenbart. Er ist der vom Vater geliebte Sohn und der vom Geist Gesalbte. Letzteres ist schließlich die Bedeutung des Wortes »Christus«. So ruft Johannes zu einem trinitarischen Glauben an Jesus auf: »Diese aber sind geschrieben, damit ihr glaubt, dass Jesus der Christus ist, der Sohn Gottes, und damit ihr, weil ihr glaubt, das Leben habt in seinem Namen« (20,31). Wenn Christen mit Paulus sagen: »Christus ist mein Leben« (Phil 1,21), bedeutet dies also, dieselbe Liebe und dasselbe Anliegen wie der Vater zu haben. Christus zum Mittelpunkt unserer Theologie zu machen, bedeutet, es dem Vater gleichzutun, der seinen Sohn zum Mittelpunkt seines »Ratschlusses« macht, »den er zuvor in Christus gefasst hatte, um die Fülle der Zeiten heraufzuführen, auf dass alles zusammengefasst würde in Christus« (Eph 1,9–10).

Christus zu bezeugen bedeutet, mit dem Geist übereinzustimmen (vgl. Joh 15,26–27), der die biblischen Autoren zu ebendiesem Zweck inspiriert hat (vgl. Joh 5,46). »Christus allein steht im Mittelpunkt der ewigen Absichten Gottes, Christus allein ist das Objekt unseres errettenden Glaubens, und daher muss Christus allein im Mittelpunkt unserer Theologie stehen.«[4]

Dieses evangelikale Prinzip der einzigartigen Identität Christi ist das Rückgrat dessen geblieben, wie die Kirche über die Jahrhunderte hinweg über das Evangelium nachgedacht hat. Es hat die frühe Kirche darin bestärkt, die Einzigartigkeit Christi gegenüber dem pluralistischen römischen Heidentum zu betonen. Auch war es von zentraler Bedeutung für die Argumentation des Irenäus in *Gegen die Häresien*, dem ersten umfassenden Werk der Kirche zur systematischen Theologie. Irenäus weigerte sich, Christus als einen rein individualistischen Erlöser zu sehen, indem er die Typologie von Adam und Christus verwendete, die Paulus aufgezeigt hatte (vgl. Röm 5,12–21; 1 Kor 15,20–23.42–49). Der Kirchenvater legte dar, dass Christus der letzte Adam ist, der kam, um alles zu heilen, was Adam zerstörte. Er ist der einzige Sohn, »der wegen seiner unendlichen Liebe das, was wir sind, geworden ist, damit er uns vollkommen zu dem mache, was er ist« (das heißt, Söhne Gottes zu sein).[5]

Athanasius baute später auf Irenäus' Werk auf und untersuchte, was es bedeutet, dass unser Erlöser »das Ebenbild des unsichtbaren Gottes« ist (Kol 1,15). Er erkannte, dass Adam »zum Bilde Gottes« und damit Gott »gleich« erschaffen wurde (1 Mose 1,26–27). Athanasius erklärte, dass Adam wie ein schönes Porträtbild war: Auf ihn wurde das Bild Gottes gezeichnet. Der Sündenfall schien dieses Porträt jedoch völlig zerstört zu haben. Das Bild wurde ruiniert, als Adam böse, selbstsüchtig und Gott schockierend unähnlich wurde. Es stellte sich die Frage: Wie konnte dieses kostbare Porträt jemals restauriert werden? Es gab niemanden, der es rekonstruieren konnte, weil niemand wusste, wie das Porträt einst ausgesehen hatte. Es gab nur eine Hoffnung: Das Originalmotiv des Porträts musste kommen und sein Abbild auf der Leinwand der Menschheit neu zeichnen lassen. Nur derjenige, dessen Abbild einst auf Adam gezeichnet worden war, konnte es wiederherstellen. So kam das Bild Gottes selbst. Er nahm Menschengestalt an, um darin sein Bild zu erneuern.[6] Athanasius' gesamte Darstellung des Evangeliums ist von der einzigartigen Identität Christi abhängig. Allein in Christus können wir in das Bild Gottes wiederhergestellt werden. Nur das Bild Gottes selbst kann uns erlösen.

Im 16. Jahrhundert versuchten die Reformatoren dann, die biblische Überzeugung zu bekräftigen, dass es einen »Mittler zwischen Gott und den Menschen, nämlich der Mensch Christus Jesus«, gibt (1 Tim 2,5). Auch verkündigten sie, dass »in keinem andern ... das Heil [ist], auch ... kein andrer Name unter dem Himmel den Menschen gegeben [ist], durch den wir sollen selig werden« (Apg 4,12). Ihre Sorge war, dass Petrus an die Stelle von Christus als dem Felsen und dem verheißenen Eckstein, auf den die Gemeinde gebaut ist, getreten war. Die Gnade wurde als Segen und Gabe dargestellt, die von Christus abgetrennt werden könne, und der Glaube selbst wurde als Verdienst beschrieben. So schrieb Luther in den allerersten Tagen der Reformation an seinen Vorgesetzten Johann von Staupitz: »Ich lehre, daß die Menschen nicht auf irgend etwas Anderes vertrauen sollen als allein auf Jesum Christum, nicht auf ihre Gebete und Verdienste oder auf ihre Werke.«[7]

Obwohl dieses Prinzip für die Kirche von entscheidender Bedeutung gewesen ist, heißt das nicht, dass seine Umsetzung immer einfach gewesen wäre. Gefallene Sünder neigen von Natur aus zu allem anderen als zu Jesus, selbst wenn es sich dabei um etwas Religiöses handelt. Christus kann durch Götzen oder Ideale, durch Werke oder durch Lehren verdunkelt oder ergänzt werden. C. S. Lewis' imaginärer Unterteufel Screwtape sah dies mit teuflischer Klarheit, als er seinem Neffen schrieb:

> »Mein lieber Wormwood,
>
> die eigentliche Schwierigkeit bei den Leuten, unter denen sich Dein Patient bewegt, ist, dass sie nichts als Christen sind. Natürlich haben sie alle ihre persönlichen Interessen. Was sie aber zusammenhält, ist das Christentum allein. Wenn die Menschen schon Christen werden, dann müssen wir sie

> in der Geistesverfassung halten, die ich ›Christentum – und‹ nenne. Du weißt schon – Christentum und Krise, Christentum und Neue Psychologie, Christentum und Neuordnung, Christentum und Glaubensheilung, Christentum und parapsychologische Forschung, Christentum und Vegetarismus, Christentum und Sprachreform. Wenn sie schon einmal Christen sein müssen, dann lasse sie Christen mit einer besonderen Unterscheidung sein. Setze an die Stelle des eigentlichen Glaubens eine Mode mit einer christlichen Färbung.«[8]

Screwtape erkannte richtig, dass das Hinzufügen von irgendetwas zu Christus bedeutet, aufzuhören *nur* christlich zu sein. Es bedeutet, aufzuhören evangelikal zu sein. Dass es (in den Worten der Lausanner Verpflichtung) »nur einen Erlöser und nur ein Evangelium«[9] gibt, ist ein wesentliches Prinzip des Evangelikalismus, das sich aus der Natur des Evangeliums ergibt. J. C. Ryle erkannte, dass dieses Prinzip in der Tat auf zwei Hauptwegen verdorben werden kann:

> »Man kann das Evangelium durch Substitution verderben. Man braucht dem Sünder nur das große Objekt, auf das die Bibel den Glauben richtet – Jesus Christus –, aus den Augen zu nehmen und an seine Stelle ein anderes Objekt zu setzen – die Kirche, das Amt, den Beichtstuhl, die Taufe oder das Abendmahl –, und schon ist das Unheil geschehen.

> Ersetze Christus durch irgendetwas, und das Evangelium ist völlig verdorben! Tut man dies, entweder direkt oder indirekt, so hört die Religion auf, evangelikal zu sein.
>
> Man kann das Evangelium durch Addition verderben. Man braucht nur Christus, dem großen Objekt des Glaubens, einige andere Objekte hinzuzufügen, die ebenso ehrenwert sind, und der Schaden ist angerichtet. Füge Christus etwas hinzu, und das Evangelium hört auf, ein reines Evangelium zu sein! Tut man dies, entweder direkt oder indirekt, so hört die Religion auf, evangelikal zu sein.«[10]

Die Identität Christi ist völlig einzigartig. All unsere sündigen Bemühungen können ihm und seinem Werk tatsächlich gar nichts hinzufügen. Daher brauchen wir »keinen anderen Propheten, der uns eine neue maßgebliche Offenbarung bringt, keinen anderen Priester, der zwischen uns und Gott vermittelt, und keinen anderen König, der seine Kirche regiert«.[11] Weil die Schrift allein unsere höchste Autorität ist, ist Christus allein unsere einzige Hoffnung. Nur durch ihn kennen wir die Herrlichkeit des *lebendigen, dreieinigen* Gottes.

Das genugsame Werk Christi

So wie die vollkommene Natur Gottes die Vollkommenheit seines *Wortes* garantiert, so garantiert die vollkommene

Natur Christi die Vollkommenheit seines *Werkes*. Die gnädigen Taten Gottes – sowohl in der Offenbarung als auch in der Erlösung – werden in Christus vollendet.

In der Offenbarung ist er das letztgültige und unübertreffliche Wort Gottes. Darum fängt der Hebräerbrief mit diesen Worten an:

> »Nachdem Gott vorzeiten vielfach und auf vielerlei Weise geredet hat zu den Vätern durch die Propheten, hat er zuletzt in diesen Tagen zu uns geredet durch den Sohn, den er eingesetzt hat zum Erben über alles, durch den er auch die Welten gemacht hat.« (Hebr 1,1–2)

Nur deshalb kann Judas von dem Glauben schreiben, »der *ein für alle Mal* [*hapax*] den Heiligen anvertraut ist« (Jud 3). Dasselbe Wort wird verwendet, um sein Erlösungswerk zu beschreiben. Christus ist »*einmal* [*hapax*] geopfert worden, die Sünden vieler wegzunehmen« (Hebr 9,28). Petrus schreibt: »Denn auch Christus hat *einmal* [*hapax*] für die Sünden gelitten« (1 Petr 3,18).

In jedem Vers wird das Adverb *hapax* verwendet, um die Einzigartigkeit und Endgültigkeit Christi oder seines Werkes zu beschreiben. Die Wörter *hapax* oder *ephapax* werden im Neuen Testament häufig für das Werk Christi verwendet, besonders im Hebräerbrief, in dem die wiederholten (und unzureichenden) Opfer des Gesetzes dem einzigen (und ausreichenden) Opfer Christi gegenüberstellt werden. Hier sind einige Beispiele:

> »Denn was er gestorben ist, das ist er der Sünde gestorben ein für alle Mal [ephapax]; was er aber lebt, das lebt er Gott.« (Röm 6,10)

> »Er hat es nicht nötig wie jene Hohenpriester, täglich zuerst für die eigenen Sünden Opfer darzubringen und dann für die des Volkes; denn das hat er ein für alle Mal [ephapax] getan, als er sich selbst opferte.« (Hebr 7,27)

> »Er ist auch nicht durch das Blut von Böcken oder Kälbern, sondern durch sein eigenes Blut ein für alle Mal [ephapax] in das Heiligtum eingegangen und hat eine ewige Erlösung erlangt.« (Hebr 9,12)

> »Denn das Gesetz hat den Schatten von den zukünftigen Gütern, nicht die Gestalt der Dinge selbst. Deshalb kann es die, die opfern, niemals vollkommen machen durch die Jahr für Jahr gleichen Opfer, welche man immer wieder darbringt. Hätte nicht sonst das Opfern aufgehört, wenn die, die Gott dienen, ein für alle Mal [hapax] rein geworden wären und kein von Sünden beschwertes Gewissen mehr hätten?« (Hebr 10,1–2)

> »Nach diesem Willen sind wir geheiligt ein für alle Mal [ephapax] durch das Opfer des Leibes Jesu Christi.« (Hebr 10,10)

John Stott kam, nachdem er diese Aussagen in der Bibel untersucht hatte, zu folgendem Schluss:

> »Weil wir erkannt haben, dass das, was Gott in Christus gesagt und getan hat, endgültig ist, können wir als Evangelikale nicht anders, als beides festzuhalten: Es ist für uns unvorstellbar, dass irgendeine Wahrheit geoffenbart werden könnte, die höher ist als das, was Gott in seinem eigenen menschgewordenen Sohn geoffenbart hat. Ebenso unvorstellbar ist es, dass es neben dem Kreuz noch irgendetwas anderes geben könnte, das für unsere Erlösung notwendig wäre.«[12]

Man kann mit Fug und Recht behaupten, dass das Wort *ephapax* der Funke war, der die Reformation in Frankreich entfachte. Im Oktober 1534 wurden Plakate in Städten quer durch ganz Frankreich aufgestellt, die mit Hebräer 7,27 die römisch-katholische Messe angriffen: »Er hat es nicht nötig wie jene Hohenpriester, täglich zuerst für die eigenen Sünden Opfer darzubringen und dann für die des Volkes; denn das hat er *ein für alle Mal* getan, als er sich selbst opferte.« Der Punkt war dieser: Wenn das Opfer Christi für die Sünde am Kreuz ein vollständiges Werk war »und daher weder wiederholt werden muss noch kann, dann müssen alle unsere Versuche, die

Sünde zu sühnen, sowohl unnötig als auch eine Beleidigung für Christus sein, da sie nahelegen, dass sein Werk nicht ausreichend ist. Wenn das Opfer Christi tatsächlich ›ein für allemal‹ geschehen war, dann kann es keine Notwendigkeit für andere Priester oder Hohepriester geben, weitere Opfer darzubringen.« Damit sind die Idee einer sühnenden Messe und alle anderen unserer Versuche, Sünden zu sühnen, hinfällig geworden. »Die einzige Zuflucht, die bleibt, liegt in dem bloßen Vertrauen auf Christus und sein vollkommenes Werk.«[13]

Wir sind hier an dem entscheidenden Punkt angekommen, der die Gute Nachricht wirklich zu einer guten macht. Weil das Erlösungswerk Christi völlig ausreicht, ist das Evangelium nicht Gottes Hilfsangebot, sondern sein gütiges Rettungswerk. Es ist kein Aufruf an die Starken und Guten, sich zu bewähren, sondern an die Schwachen und Bösen, die Tiefe der Barmherzigkeit Christi zu ergründen. Die Erlösung ist allein durch Christus vollbracht und bedarf keiner Ergänzung durch uns.

Das betrifft nicht nur den Tod Christi: Das gesamte Erlösungswerk wird ganz ohne unser Zutun verwirklicht. Das ist einer der Gründe, warum Evangelikale in der Vergangenheit so eifrig darauf bedacht waren, die Jungfrauengeburt zu verteidigen: Sie unterstreicht die übernatürliche Natur unserer Errettung. Maria hat den Erlöser der Welt nicht selbst hervorgebracht. Er war ein unverdientes Geschenk Gottes, das durch die Kraft des Geistes empfangen wurde. Mit anderen Worten haben *wir* Gott und Mensch nicht vereint. Das Heil kommt nicht von menschlichen Bemühungen oder Wünschen, sondern vom Himmel. Ebenso verhält es sich mit seiner Auferstehung, Himmelfahrt und Wiederkunft: Wir tun nichts, und Christus tut alles.

Der Tod Christi ist jedoch das zentrale Element seines Erlösungswerks. Es ist die »Stunde«, für die er in die Welt gekommen ist (Joh 12, 27). Es ist vor allem sein gebrochener Leib und sein vergossenes Blut, woran seine Jünger sich erinnern sollten. Daher ist es klassisch evangelikal, mit Paulus zu sagen: »Es sei aber fern von mir, mich zu rühmen als allein des Kreuzes unseres Herrn Jesus Christus« (Gal 6, 14). Deswegen lieben es Evangelikale, aus tiefstem Herzen Worte zu singen, wie Charles Wesley sie geschrieben hat, um die Bedeutung der letzten Worte Jesu (»Es ist vollbracht«, Joh 19, 30) zu erfassen:

> »Es ist vollbracht! Der Messias stirbt,
> getötet für die Sünden,
> aber nicht für seine eigenen;
> Vollendet ist das Opfer,
> Das große Erlösungswerk ist vollbracht.
>
> Es ist vollbracht!
> Die ganze Schuld ist bezahlt;
> Die göttliche Gerechtigkeit ist befriedigt,
> Das große und vollständige Sühnopfer
> ist vollbracht;
> Gott starb für eine schuldige Welt.«[14]

Wesleys Worte drücken auch das klassisch evangelikale Verständnis des Kreuzes aus. Evangelikale verstehen, dass die Schrift von vielen Facetten des Kreuzes spricht: Am Kreuz offenbart sich die Herrlichkeit und Liebe Gottes. Auch triumphiert Christus dort über die Kräfte des Bösen. Beim Kreuz geht es jedoch nicht *in erster Linie* darum, uns die Liebe Gottes vor Augen zu führen oder Satan zu besiegen. Seit 1. Mose 3 war die große Frage in der Bibel stets: Wie können Sünder, Nachkommen von Adam und Eva, mit Gott versöhnt werden? Das große Problem war der Zorn Gottes über die Sünde (vgl. Röm 1,18). Angefangen beim Passafest bis hin zu den Opfern des Gesetzes war die Lösung immer ein Stellvertreter, der die Strafe für unsere Sünden an unserer Stelle trug. Christus ist *für* uns, an unserer Stelle, gestorben, damit der göttlichen Gerechtigkeit Genüge getan werde und »wir nun durch ihn gerettet werden vor dem Zorn« (Röm 5,8–9).

Martin Luther nannte dieses stellvertretende Versöhnungswerk den »fröhlichen Tausch« und erklärte es wie folgt:

> »Das ist das Geheimnis, das reich ist an göttlicher Gnade für die Sünder: wo durch einen wunderbaren Tausch unsere Sünden nicht mehr unser sind, sondern Christi; und die Gerechtigkeit Christi ist nicht Christi, sondern unser. Er hat sich seiner Gerechtigkeit entledigt, damit er uns damit bekleide und mit ihr erfülle; und er hat unsere Übel auf sich genommen, damit er uns von ihnen errette.«[15]

Die Rede vom »Tausch« geht jedoch mindestens bis auf das 2. Jahrhundert zurück, wo sie im Brief an Diognet verwendet wird, um die herrliche Genugsamkeit und Vollständigkeit des Werkes Christi zu betonen. Dort schreibt der Autor:

> »Als aber das Mass unserer Ungerechtigkeit voll und es völlig klar geworden war, dass als ihr Lohn Strafe und Tod uns erwarte, ... war [Gott] langmütig und geduldig und nahm aus Erbarmen selbst unsere Sünden auf sich; er selbst gab den eigenen Sohn als Lösepreis für uns, den Heiligen für die Unheiligen, den Unschuldigen für die Sünder, den Gerechten für die Ungerechten, den Unvergänglichen für die Vergänglichen, den Unsterblichen für die Sterblichen. Denn was anders war imstande, unsere Sünden zu verdecken als seine Gerechtigkeit? In wem konnten wir Missetäter und Gottlose gerechtfertigt werden, wenn nicht allein im Sohne Gottes? Welch süsser Tausch, welch unerforschliches Walten, welch unverhoffte Wohltat, dass die Ungerechtigkeit vieler in einem Gerechten verborgen würde und die Gerechtigkeit eines einzigen viele Sünder rechtfertige!«[16]

Rechtfertigung durch Glauben allein

Wenn das Erlösungswerk Christi wirklich völlig ausreicht, dann ist für uns nichts dazu hinzuzufügen. Wir müssen Gottes Erlösung nur mit schlichtem Glauben empfangen, und zwar mit schlichtem Glauben allein. Evangelikale haben daher die Rechtfertigung allein durch den Glauben, was *die* Frage der Reformation war, als den Lackmustest des Glaubens an die Genugsamkeit Christi als Erlöser angesehen. Luther bezeichnete die Rechtfertigung als den Glaubensartikel, mit dem die Kirche steht und fällt.[17]

Die wichtigste Stelle, an die Luther dachte, als er diese Worte verfasste, war Römer 3,21–4,25. Er schrieb, sie sei »das Hauptstück und der Mittelplatz dieser Epistel und der ganzen Schrift«.[18] Dr. Martyn Lloyd-Jones beschrieb diese Verse in ähnlicher Weise als das »Herzstück« des Briefes von Paulus an die Römer, weil sie zum Kern von Paulus' Verständnis sowohl der Sühne als auch der Rechtfertigung führen.[19]

In den vorangegangenen Kapiteln des Römerbriefes stellte Paulus fest, dass alle Menschen schuldig sind und unter dem Zorn Gottes verurteilt werden. Ab Römer 3,21 verkündet er jedoch die Gute Nachricht darüber, wie die Gerechtigkeit Gottes offenbar wird:

> »Nun aber ist ohne Zutun des Gesetzes die Gerechtigkeit, die vor Gott gilt, offenbart, bezeugt durch das Gesetz und die Propheten. Ich rede aber von der Gerechtigkeit vor Gott, die da kommt durch den Glauben an Jesus Christus zu allen, die glauben. Denn es ist hier kein Unterschied: Sie sind allesamt Sünder und ermangeln des Ruhmes, den sie vor Gott haben sollen, und werden ohne Verdienst gerecht aus seiner Gnade durch die Erlösung, die durch Christus Jesus geschehen ist. Den hat Gott für den Glauben hingestellt zur Sühne in seinem Blut zum Erweis seiner Gerechtigkeit, indem er die Sünden vergibt, die früher begangen wurden in der Zeit der Geduld Gottes, um nun, in dieser Zeit, seine Gerechtigkeit zu erweisen, auf dass er allein gerecht sei und gerecht mache den, der da ist aus dem Glauben an Jesus.« (Röm 3, 21–26)

Paulus beschreibt Christus als das vollkommene Sühneopfer, das für unsere Sünden stirbt, damit Gott *sowohl* der gerechte Richter sein kann, der die Sünde nicht übersieht, *als auch* der vollkommene Erlöser, der denen, die keine Gerechtigkeit haben, seine Gerechtigkeit schenkt. Aufgrund dieses Sühneaktes kann Gott die Sünder aus Gnade und als Geschenk für gerecht erklären.

Paulus untersucht daran anknüpfend, was Rechtfertigung bedeutet, und nimmt dazu Abraham, den Vater des Glaubens, als Beispiel:

> »Was sagen wir denn von Abraham, unserm leiblichen Stammvater? Was hat er erlangt? Das sagen wir: Ist Abraham durch Werke gerecht, so kann er sich wohl rühmen, aber nicht vor Gott. Denn was sagt die Schrift? ›Abraham hat Gott geglaubt, und das wurde ihm zur Gerechtigkeit gerechnet.‹ Dem aber, der mit Werken umgeht, wird der Lohn nicht aus Gnade zugerechnet, sondern weil er ihm zusteht. Dem aber, der nicht mit Werken umgeht, aber an den glaubt, der den Gottlosen gerecht macht, dem wird sein Glaube gerechnet zur Gerechtigkeit.« (Röm 4,1–5)

Im Evangelium zeigt Gott, dass er ein gütiger Gott ist, der »die *Gottlosen* gerecht macht«. Abraham wurde nicht deshalb als gerecht bezeichnet, weil er gerecht gewesen wäre. Vielmehr glaubte Abraham Gott in 1. Mose 15,6 einfach, und »das *rechnete* er ihm zur Gerechtigkeit«. Abraham betrachtete seine eigene Gerechtigkeit als nichtig, damit – wie Paulus später sagte – »ich Christus gewinne und in ihm gefunden werde, dass ich nicht habe meine Gerechtigkeit, die aus dem Gesetz, sondern die durch den Glauben an Christus kommt, nämlich die Gerechtigkeit, die von Gott kommt durch den Glauben« (Phil 3,8–9).

Gerechtfertigt zu sein bedeutet also, ein Sünder zu sein, über den Gott gnädigerweise das Urteil »gerecht« ausgesprochen hat. Es bedeutet, nicht mit unserer eigenen Gerechtigkeit, sondern mit der von Christus für gerecht erklärt zu werden. Paulus stützt sich dabei auf die Worte von David in Psalm 32:

> »Selig sind die, denen die Ungerechtigkeiten vergeben und denen die Sünden bedeckt sind!
>
> Selig ist der Mann, dem der Herr die Sünde nicht zurechnet!« (Röm 4,7–8; ein Zitat aus Ps 32,1–2)

Mit anderen Worten ist der Gesegnete nicht ein Mensch, der keine Sünde hat. Der Gesegnete ist derjenige, dessen Sünden »bedeckt« sind und dem der Herr seine Sünden nicht *zurechnet*.

Für Evangelikale ist all dies die vertraute Sprache der Reformation. Wir erwarten von Luther, Calvin und anderen Reformatoren, dass sie die Rechtfertigung allein aus Glauben predigen. Gleichzeitig nehmen viele an, dass es vor der Reformation sehr wenig Klarheit in dieser Frage gegeben habe. Wir scheinen zu erwarten, dass die frühen Kirchenväter die moderne römisch-katholische Kirche in ihrer Auffassung, »dass das ewige Leben gleichzeitig sowohl Gnade als auch Lohn ist, der von Gott für die guten Werke und Verdienste erstattet wird«[20], stehen lassen oder gedankenlos vorwegnehmen würden. Wenn das der Fall wäre, dann wäre es schwieriger, die Behauptung aufrechtzuerhalten, dass der evangelikale Glaube nichts anderes ist als historisches Christentum und wahre Katholizität. Wenn die Kirchenväter *nicht* die Rechtfertigung allein durch Glauben lehrten, kommt der Anspruch der Reformatoren, nichts als die Erneuerung des alten Christentums versucht zu haben, wohl zu kurz.

Dies ist jedoch schlichtweg nicht der Fall. Es seien hier nur einige Beispiele aus einer langen Liste von Kirchenvätern angeführt, die sich zur Rechtfertigung geäußert haben.[21] Tertullian (155–230 n. Chr.) war klar, dass Gott »denen, die an ihn glauben, Gerechtigkeit zuschreiben, die Gerechten durch ihn leben lassen und die Heiden durch den Glauben zu seinen Kindern erklären wird«[22]. Basilius von Cäsarea (330–379 n. Chr.) lehrte: »Das ist ein vollkommenes und reines Rühmen in Gott, wenn man nicht stolz ist auf seine eigene Gerechtigkeit, sondern weiß, dass man der wahren Gerechtigkeit unwürdig ist und *allein durch den Glauben* an Christus gerechtfertigt wird.«[23] Ein anderer Theologe aus dem 4. Jahrhundert, Marius Victorinus, bekräftigt ebenso nachdrücklich: »Wir wissen, dass der Mensch nicht durch die Werke des Gesetzes gerechtfertigt wird, sondern durch den Glauben und durch den Glauben an Jesus Christus ... Allein der Glaube bewirkt Rechtfertigung und Heiligung.«[24] Oder denken wir an den großen Prediger Johannes Chrysostomos (347–407 n. Chr.), der verkündet hat, wie die Gnade Gottes »den, der nichts Böses getan hat, für die bestraft hat, die Unrecht getan haben ... Ihn, der die Gerechtigkeit selbst war, ›hat er zur Sünde gemacht‹, d.h. er hat zugelassen, dass er als Sünder verurteilt würde, als einer, der zum Tode verflucht ist, damit wir nicht nur ›gerecht‹, sondern ›Gerechtigkeit‹, ja ›die Gerechtigkeit Gottes‹ seien«.[25]

Während diese Klarheit ab dem 5. Jahrhundert seltener wird, fallen in der frühen Kirche diejenigen als Außenseiter auf, die Rechtfertigung und Heiligung verwechseln. Evangelikale stimmen also mit der Heiligen Schrift, den frühen Kirchenvätern, den Reformatoren, den Puritanern und den Erweckungspredigern des 18. Jahrhunderts überein, wenn sie die Rechtfertigung allein durch Glauben hochhalten.

Die Rechtfertigung allein durch Glauben steht im Mittelpunkt des biblischen Evangeliums. Sie ist die wunderbare und notwendige Konsequenz der Allgenugsamkeit Christi, des einzigen Erlösers. Als solche ist sie eine Lehre, die Evangelikale lieben und mit Eifer verteidigen. Sollte das jedoch in irgendeiner Weise den Eindruck erwecken, dass Evangelikale ihre Lehren wie tote Schmetterlinge sammeln und konservieren würden, müssen wir nur einen Blick auf das evangelikale Liedgut werfen. Im Laufe der Jahrhunderte haben Evangelikale die Lehre der Rechtfertigung aus Glauben allein nicht nur *bewundert* oder als Schutzwall benutzt, um das wahre Evangelium zu definieren. Nein, wir *singen es* laut, und zwar häufig mit Tränen in den Augen, denn es spricht von der überwältigenden Güte Christi und der wunderbaren Sicherheit, die wir in ihm haben können. Betrachten wir nur ein Beispiel: »Mein Glaube fest sich bauen kann« von Edward Mote (1836). Du kannst diese Zeilen gern singen, anstatt sie nur zu lesen:

> »Mein Glaube fest sich bauen kann
> auf das, was Gott für mich getan.

Jedes Gefühl sehr schnell vergeht,
Christus, der ew'ge Felsen bleibt.

Wer diesem Felsen fest vertraut,
der hat auf keinen Sand gebaut …

Wenn Jesus wiederkommen wird,
die Welt dann sammelt zum Gericht,
dann sei des Herrn Gerechtigkeit
allein mein Schmuck und Ehrenkleid.
Wer diesem Felsen fest vertraut,
der hat auf keinen Sand gebaut.«

4. Die Wiedergeburt durch den Geist

»Aber Moment«, höre ich den aufmerksamen Leser fragen, »ist das bisher nicht etwas zu verkopft und theoretisch? Ist Evangelikalismus nicht viel mehr als eine Liste von Lehren?« Nun, einerseits sind Evangelikale unverblümt Menschen der Wahrheit und Menschen der Bibel. Die Heilige Schrift ist unser Wegweiser und vermittelt uns die von Gott geoffenbarten Wahrheiten. Wir können daher ziemlich »theoretisch« klingen, wenn wir auf diese Wahrheiten pochen. Dennoch ist der Evangelikalismus mehr als eine Liste von Lehren. Es ist mehr als bloße Orthodoxie. Dr. Martyn Lloyd-Jones sagte darüber, was es bedeutet, evangelikal zu sein: »Wir sollen nicht nur definieren, was bloße Orthodoxie ist. Man kann eine tote Orthodoxie haben. Mir geht es darum, den Evangelikalen in einer Weise zu definieren, die über Glaubensaussagen hinausgeht.«[1]

Lloyd-Jones' Worte drücken ein tiefes evangelikales Empfinden aus, das wir besser verstehen werden, wenn wir zu Jesu Auseinandersetzung mit den Pharisäern in Markus 7 zurückkehren. Jesus zitiert dort Jesaja und sagt:

> »Richtig hat von euch Heuchlern Jesaja geweissagt, wie geschrieben steht (Jesaja 29,13):
>
>> ›Dies Volk ehrt mich mit den Lippen, aber ihr Herz ist fern von mir.
>>
>> Vergeblich dienen sie mir, weil sie lehren solche Lehren, die nichts sind als Menschengebote.‹« (Mk 7,6–7)

Nur ein paar Verse später kommt Jesus auf das Problem unserer Herzen zu sprechen:

> »Und er rief das Volk wieder zu sich und sprach zu ihnen: Hört mir alle zu und begreift's! Es gibt nichts, was von außen in den Menschen hineingeht, das ihn unrein machen könnte; sondern was aus dem Menschen herauskommt, das ist's, was den Menschen unrein macht … Denn von innen, aus dem Herzen der Menschen, kommen heraus die bösen Gedanken, Unzucht, Diebstahl, Mord, Ehebruch, Habgier, Bosheit, Arglist, Ausschweifung, Missgunst, Lästerung, Hochmut, Unvernunft. All dies Böse kommt von innen heraus und macht den Menschen unrein.« (Mk 7,14–15.21–23)

Jesus wusste, wie die Sünde die Religion zu einer hohlen, äußerlichen Performance verkommen lässt, die sich nicht mit den tiefen Fragen des menschlichen Herzens befasst.

Evangelikal zu sein bedeutet also, sich vor dieser pharisäischen Heuchelei in Acht zu nehmen, bei der unsere Lippen zwar orthodox sein mögen, aber unsere Herzen es nicht sind. Für Evangelikale kann es nie *allein* um Lehrsätze gehen. Wir möchten vielmehr, dass die theologischen Wahrheiten des Evangeliums uns durch die Erneuerung unseres Sinnes *verwandeln* (vgl. Röm 12,2). Aus diesem Grund konnte J. I. Packer den Evangelikalismus als »ein Ethos des Bekehrtseins innerhalb eines größeren Ethos der Katholizität«[2] beschreiben. Das bedeutet, dass wir nicht bloß Wahrheiten über Gott wissen möchten. Vielmehr möchten wir Gott auf persönliche Weise kennenlernen. Wir *bekräftigen* nicht nur, dass die Schrift unsere höchste Autorität ist und dass wir allein durch Glauben, allein durch Christus gerechtfertigt werden. Wir *beugen* uns tatsächlich unter die Heilige Schrift als unserer höchsten Autorität und *erfreuen* uns wahrhaftig an Christus als unserem einzigen Erlöser, indem wir ihn von Herzen für seine Allgenugsamkeit und Gnade preisen.

Dieses wesentliche Merkmal des Evangelikalismus wird nach David Bebbington gemeinhin als »Konversionismus« bezeichnet.[3] Bebbington hatte völlig Recht: Die Geschichte des Evangelikalismus ist in der Tat von einer Bekehrungsgeschichte nach der anderen gekennzeichnet. *Unter* all diesen Bekehrungen liegt jedoch das wahre evangelikale Prinzip: die Notwendigkeit der *Wiedergeburt* durch den Geist.

Ich war verloren ganz und gar

Der erste Teil dieses Prinzips ist das Bekenntnis unserer absoluten *Hilfsbedürftigkeit*. Dieses Bedürfnis kommt in der ersten Strophe von John Newtons klassisch-evangelikaler Hymne »O Gnade Gottes« gut zum Ausdruck:

> »O Gnade Gottes, wunderbar hast du errettet mich. Ich war verloren ganz und gar, war blind, jetzt sehe ich.«

Evangelikale singen diese Worte gern als ihr persönliches Zeugnis, denn wir sehen uns selbst als ein errettetes Volk, das einst verloren und blind war. Wie J. C. Ryle klargestellt hat, ist ein »Hauptmerkmal der evangelikalen Religion *die Tiefe und die Bedeutung, die sie der Lehre von der Sündhaftigkeit und Verderbtheit des Menschen beimisst*.«[4]

Sowohl Newton als auch Ryle haben deutlich gemacht, dass Evangelikale ihren früheren Zustand nicht einfach als ein bisschen schmutzig, ein wenig eigensinnig oder in geistlichen Dingen etwas schwer von Begriff betrachten. Mit den Worten des Apostels Paulus waren wir

> »tot durch eure Übertretungen und Sünden, in denen ihr früher gewandelt seid nach der Art dieser Welt, unter dem Mächtigen, der in der Luft herrscht, nämlich dem Geist, der zu dieser Zeit am Werk ist in den Kindern des Ungehorsams. Unter

> ihnen haben auch wir alle einst unser Leben geführt in den Begierden unsres Fleisches und taten den Willen des Fleisches und der Vernunft und waren Kinder des Zorns von Natur wie auch die andern.« (Eph 2,1–3)

Wir waren geistlich nicht nur gelähmt, sondern tot. Wir waren in Feindschaft gegen Gott (vgl. Röm 8,7), weil wir instinktiv die Finsternis liebten, die unsere Schande bedeckte (vgl. Joh 3,19; 2 Kor 4,4). Wir waren nicht alle kleine Hitlers oder Stalins, die so böse wie möglich waren; wir waren durchaus in der Lage, nach außen hin ein moralisches und anständiges Leben zu führen. Aber wie gut das äußere Erscheinungsbild auch sein mochte, innerlich waren wir Gott gegenüber feindlich gesinnt. Wir wollten ihn nicht. Wir wollten die Sünde.

Augustinus verbrachte einen Großteil der ersten Hälfte seiner *Bekenntnisse* damit, über seine eigene Verlorenheit nachzudenken. Seine Beschreibungen seines hilflosen Dahinlebens in der Sünde lassen Evangelikale immer wieder aufhorchen. Ein Beispiel:

> »Sieh mein Herz, o mein Gott, sieh mein Herz, dessen du dich erbarmt hast in der Tiefe seiner Bosheit. Sieh, mein Herz soll dir nun sagen, was es dort suchte, daß ich nämlich ohne jeden Grund böse und meiner Bosheit Grund nur die Bosheit selbst war. Abscheulich war sie, und trotzdem liebte ich

> sie, liebte mein Verderben, liebte meinen Fehltritt. Nicht den Gegenstand, der mir zum Falle wurde, nein, den Fall selbst liebte ich; als ich in der Verworfenheit meines Gemütes mich von deiner Grundfeste ins Verderben stürzte, da begehrte ich nicht schimpflich irgendeinen Gegenstand, sondern die Schande selbst.«[5]

In der Tat war die Frage unserer hoffnungslosen Gebundenheit an die Sünde ein wesentlicher Auslöser der Reformation. Luther selbst nannte es »den eigentlichen Kern der Sache ... den Nerv der Sache«.[6] Luther war mit der Vorstellung aufgewachsen, dass wir von Natur aus die Fähigkeit hätten, uns aus unserer Sündhaftigkeit selbst zu befreien. Seine eigenen schmerzlichen Erfahrungen und die Lektüre der Heiligen Schrift hatten ihn jedoch vom Gegenteil überzeugt. So kam es, dass er 1517, wenige Wochen vor der Veröffentlichung seiner berühmten fünfundneunzig Thesen, seine grundlegenden siebenundneunzig Thesen verfasste, in denen er schrieb:

> »Der Mensch kann von Natur aus nicht wollen, daß Gott Gott ist; er möchte vielmehr, daß er Gott und Gott nicht Gott ist ... Deshalb ist es unmöglich, das Gesetz in irgendeiner Weise ohne die Gnade Gottes zu erfüllen.«[7]

Luther lehrte: »Wir werden nicht dadurch gerecht, daß wir gerechte Handlungen vollbringen, sondern nachdem wir gerecht geworden sind, vollbringen wir gerechte Handlungen.«[8] Dazu brauchen wir »die Liebe Gottes, die ›ausgegossen ist durch den heiligen Geist in unsere Herzen‹ (Röm. 5,5)«[9]. Luther war zu der Einsicht gelangt, dass wir uns nicht selbst retten können. Unser Problem sitzt zu tief. Unsere Herzen tendieren schlichtweg in die falsche Richtung, weg von Gott. All unsere Bemühungen werden immer nur dieser gottlosen, selbst vergötternden Neigung folgen. Wir brauchen keine oberflächliche Selbstverbesserung, sondern eine *radikale* Erneuerung. Wir benötigen ein neues Herz, das Gott aus freien Stücken liebt und sich an ihm erfreut.

Die neue Geburt (Wiedergeburt)

J. C. Ryle lehrte, dass ein weiteres » Hauptmerkmal der evangelikalen Religion der *hohe Stellenwert* ist, *den sie dem inneren Wirken des Heiligen Geistes im Herzen des Menschen einräumt*«.[10] Man kann diese Eigenschaft schwer als sonderbar oder verschroben bezeichnen, denn die Verheißung eines neuen Herzens, das durch den Geist gegeben wird, ist ein Hauptmerkmal der Verheißung des Neuen Bundes:

> »[D]as soll der Bund sein, den ich mit dem Hause Israel schließen will nach dieser Zeit, spricht der Herr: Ich will mein Gesetz in ihr Herz geben und in ihren Sinn schreiben, und sie sollen mein Volk sein, und ich will ihr Gott sein. Und es wird keiner den andern noch ein Bruder den andern

lehren und sagen: ›Erkenne den Herrn‹, denn sie sollen mich alle erkennen, beide, Klein und Groß, spricht der Herr; denn ich will ihnen ihre Missetat vergeben und ihrer Sünde nimmermehr gedenken.« (Jer 31, 33–34)

»Und ich will euch ein neues Herz und einen neuen Geist in euch geben und will das steinerne Herz aus eurem Fleisch wegnehmen und euch ein fleischernes Herz geben. Ich will meinen Geist in euch geben und will solche Leute aus euch machen, die in meinen Geboten wandeln und meine Rechte halten und danach tun.« (Hes 36, 26–27)

Jesus konnte Nikodemus geradeheraus sagen: »Wundere dich nicht, dass ich dir gesagt habe: Ihr müsst von Neuem geboren werden« (Joh 3, 7), denn die Notwendigkeit einer Wiedergeburt war die unmissverständliche Lehre und Verheißung der Propheten. So wie der Geist am Anfang über dem Wasser schwebte und der Schöpfung Leben gab, so brauchen wir den Geist (den das Nicänische Glaubensbekenntnis als den bezeichnet, »der Herr ist und lebendig macht«), um neues Leben zu haben. Um Christ zu sein, müssen wir mit Christus vereint sein, denn wenn jemand in Christus ist, »so ist er eine neue Kreatur; das Alte ist vergangen, siehe, Neues ist geworden« (2 Kor 5, 17).

»Oder wisst ihr nicht, dass alle, die wir auf Christus Jesus getauft sind, die sind in seinen Tod getauft?

> So sind wir ja mit ihm begraben durch die Taufe in den Tod, auf dass, wie Christus auferweckt ist von den Toten durch die Herrlichkeit des Vaters, so auch wir in einem neuen Leben wandeln.« (Röm 6, 3–4)

Wenn ein Mensch wiedergeboren wird, hat er Anteil an der Auferstehung Christi von den Toten, da der Vater »uns nach seiner großen Barmherzigkeit wiedergeboren hat zu einer lebendigen Hoffnung durch die Auferstehung Jesu Christi von den Toten« (1 Petr 1, 3).

Das beschrieb Augustinus in seinen *Bekenntnissen* sehr treffend. Nachdem er seine natürliche Hilflosigkeit gegenüber der Sünde dargestellt hatte, berichtete er von seiner eigenen Erfahrung, wie sein Herz von Gott erneuert wurde:

> »Du aber, o Herr, bist gut und barmherzig, du hast in die Tiefe meines Todes geschaut und mit deiner Rechten aus meines Herzens Grunde den Schlamm des Verderbens herausgeschöpft. Dies ist aber nichts anderes als: Nicht mehr wollen, was ich will, und wollen, was du willst. Aber wo war denn in so langen Jahren mein freier Wille, und aus welcher tiefen und geheimnisvollen Verborgenheit wurde er jetzt in einem Augenblicke hervorgezogen, auf daß ich meinen Nacken unter dein sanftes Joch beugte und meine Schultern unter deine leichte Bürde, Jesus Christus, »mein Helfer und mein Erlöser?« Wie süß wurde es mir plötzlich, die Süßigkeiten

> nichtiger Dinge zu entbehren; und wenn ich sonst ihren Verlust gefürchtet hatte, so war ich jetzt froh, ihrer ledig zu sein. Denn du nahmst sie von mir, du wahre und höchste Süßigkeit, du nahmst sie hinweg von mir und zogest an ihrer Stelle ein, du süßer denn alle Lust.«[11]

Augustinus hatte sich nicht lediglich vorgenommen, es besser zu machen. Etwas in den Grundfesten seines Seins hatte sich verändert. Gott hatte durch seinen Geist seine inneren Neigungen so verändert, dass er anfing, nach Gott zu verlangen und ihn zu lieben anstatt die Sünde, und umgekehrt nicht länger Gott zu hassen, sondern die Sünde.

Luther verwendete eine ähnliche Sprache, als er sein »Turmerlebnis« beschrieb, bei dem er Römer 1,17 las:

> »Tag und Nacht war ich in tiefe Gedanken versunken, bis ich endlich den Zusammenhang der Worte beachtete: ›Die Gerechtigkeit Gottes wird in ihm (im Evangelium) offenbart, wie geschrieben steht: Der Gerechte lebt aus dem Glauben.‹ Da fing ich an, die Gerechtigkeit Gottes als eine solche zu verstehen, durch welche der Gerechte als durch Gottes Gabe lebt, nämlich aus dem Glauben. Ich fing an zu begreifen, daß dies der Sinn sei: durch das Evangelium wird die Gerechtigkeit Gottes offenbart, nämlich die passive, durch welche uns der barmherzige Gott durch den Glauben

> rechtfertigt, wie geschrieben steht: ›Der Gerechte lebt aus dem Glauben.‹ Da fühlte ich mich wie ganz und gar neu geboren, und durch offene Tore trat ich in das Paradies selbst ein.«[12]

Offenbar war es gerade Luthers Werk über den Römerbrief, das John Wesleys Herz »seltsam erwärmte«. Wesley schrieb in seinem Tagebuch vom 24. Mai 1738:

> »Am Abend ging ich nur sehr unwillig zu einer Gesellschaft in der Aldersgate Street, wo man Luthers Vorwort zum Römerbrief las. Etwa um Viertel vor neun, als er die Veränderung beschrieb, die Gott durch den Glauben an Christus im Herzen bewirkt, fühlte ich mein Herz seltsam erwärmt. Ich spürte, dass ich Christus, Christus allein, das Heil anvertraute; und mir wurde die Gewissheit gegeben, dass er meine Sünden, auch meine, weggenommen und mich vom Gesetz der Sünde und des Todes errettet hatte.«[13]

In einer Predigt über die Wiedergeburt sagte Wesley später:

> »Wenn es Lehren gibt, die man im gesamten Christentum als grundlegend bezeichnen kann, dann sind es zweifellos diese beiden: die Lehre von der Rechtfertigung und die Lehre von der neuen Geburt. Die erste bezieht sich auf das große Werk, das Gott für uns tut, indem er uns unsere Sünden

vergibt; die zweite auf das große Werk, das Gott in uns tut, indem er unsere gefallene Natur erneuert.«[14]

Sowohl für Luther als auch für Wesley war es ganz klar die frohe Botschaft von der Rechtfertigung allein durch Glauben, die der Geist nutzte, um ihnen die Wiedergeburt zu schenken.

Evangelikale sind Menschen, die »*aus dem Geist* geboren« sind (Joh 3, 6.8). Evangelikal zu sein bedeutet also viel mehr, als bloß in eine evangelikale Kultur hineingeboren oder in einer evangelikalen Gemeinde getauft worden zu sein. Für Evangelikale ist die Wassertaufe zwar wichtig, da sie von Jesus eingesetzt und befohlen wurde (vgl. Mt 28, 19), aber die Taufe bewirkt die Wiedergeburt nicht. Die Taufe ist Zeichen und Siegel der Wiedergeburt, aber wir sollten das Zeichen niemals mit der eigentlichen Sache verwechseln, auf die das Zeichen hinweist. Die Wiedergeburt ist ein göttliches Werk des Geistes, bei dem ein neues geistliches Leben entsteht, was eine radikale Veränderung des Herzens bewirkt.

Um es deutlich zu sagen: Es geht nicht um die *Erfahrung* der Bekehrung an sich. Nicht alle Evangelikalen können wie Luther und Wesley auf einen bestimmten Moment verweisen, in dem Gott ihnen neues Leben geschenkt hat. Wichtig ist die Tatsache, dass Gott ihnen neues Leben geschenkt hat. Dieses neue Leben zeigt sich darin, dass sie ihre Sünden von Herzen bereuen und Gott von Herzen anbeten. Deshalb ist es auch hilfreicher, von der »Wiedergeburt« anstatt von der »Bekehrung« als dem wesentlichen Prinzip zu sprechen. Eine Fokussierung auf Bekehrungen könnte zu einer manipulativen Kultur führen, die primär dazu dient, dramatische persönliche *Erfahrungen* zu machen. Der Evangelikalismus in seiner besten Ausprägung hat im Gegensatz dazu immer die Wiedergeburt durch den Geist als das Wesentliche angesehen. Diese wahre Wiedergeburt kann von uns nicht herbeigeführt werden. Sie ist ein göttliches Werk, das nur durch das Evangelium, der »Kraft Gottes, die selig macht alle, die glauben«, hervorgebracht wird (Röm 1,16).

Die Bedeutsamkeit der Wiedergeburt ist auch für ein weiteres traditionell evangelikales Anliegen von Bedeutung: für die Evangelisation.[15] Wenn Menschen von Natur aus Sünder sind, die sich nicht selbst retten können, sondern wiedergeboren werden müssen, dann müssen sie das rettende Evangelium hören. Menschen des Evangeliums verstehen, wie entscheidend es ist, dass das Evangelium weitergegeben und verkündet wird. Die Evangelisation selbst ist eine Frucht des erneuernden Wirkens des Geistes. Bereits am Tag seiner Auferstehung unterstrich Jesus, dass Evangelisation durch die Kraft des Geistes geschieht.

> »Da sprach Jesus abermals zu ihnen: Friede sei mit euch! Wie mich der Vater gesandt hat, so sende ich euch. Und als er das gesagt hatte, blies er sie an und spricht zu ihnen: Nehmt hin den Heiligen Geist!« (Joh 20,21–22)

Das neue Leben, das der Geist gibt, ist das Leben des Sohnes, denn der Geist ist schließlich der Geist des Sohnes (vgl. Gal 4, 6). Deshalb gibt er den Kindern Gottes den Herzschlag des Sohnes, damit sie sein Mitgefühl und seine Fürsorge für die Welt teilen. Bevollmächtigt vom Heiligen Geist sprechen sie das Evangelium aus der Fülle ihres Herzens, das mit der Liebe Gottes erfüllt ist (vgl. Mt 12, 34; Röm 5, 5).

Das Manifest von Manila, verabschiedet auf dem zweiten internationalen Kongress für Weltevangelisation im Jahr 1989 (Lausanne II), enthält einen Absatz mit dem Titel »Gott, der Evangelist«. Dort heißt es:

> »Die Schrift erklärt, dass Gott selbst der eigentliche Evangelist ist. Denn der Geist Gottes ist der Geist der Wahrheit, der Liebe, der Heiligkeit und der Kraft. Evangelisation ist ohne diesen Geist unmöglich. Er ist es, der den Botschafter bevollmächtigt, der das Wort bestätigt, der den Hörer vorbereitet, der den Sünder überführt, der den Blinden erleuchtet, der Tote zum Leben erweckt und der uns befähigt, Buße zu tun und zu glauben. Er verbindet uns mit dem Leib Christi, er schenkt uns die Gewißheit, daß wir Gottes Kinder sind; er hilft uns zu einem christusähnlichen Wesen und zu einem entsprechenden Dienst. Er sendet uns als Zeugen Christi aus. In alledem ist es das Hauptziel des Heiligen Geistes, Jesus Christus zu verherrlichen, indem er uns Christus vor Augen stellt und ihn in uns Gestalt werden lässt.«[16]

Das neue Leben

Der Geist schenkt uns die Wiedergeburt nicht als Selbstzweck: Es handelt sich vielmehr um die Geburt in ein neues und ewiges Leben. Er, der in uns das gute Werk angefangen hat, wird es auch vollenden (vgl. Phil 1,6) und uns in jeder Hinsicht in das Bild Christi verwandeln, sodass eines Tages sogar unsere schwachen Körper seinem herrlichen Auferstehungsleib gleichen werden. Wir wiederum, die wir durch den Geist leben, streben danach, dem Geist zu folgen und im Geist zu wandeln (vgl. Gal 5,25). Darum schrieb J. C. Ryle: »[D]as letzte Hauptmerkmal der evangelikalen Religion ist *die Bedeutung, die sie dem äußerlichen und sichtbaren Wirken des Heiligen Geistes im Leben des Menschen beimisst*.«[17]

Paulus beschreibt dieses Leben im Geist in Römer 8:

> »So gibt es nun keine Verdammnis für die, die in Christus Jesus sind. Denn das Gesetz des Geistes, der lebendig macht in Christus Jesus, hat dich frei gemacht von dem Gesetz der Sünde und des Todes. Denn was dem Gesetz unmöglich war, weil es durch das Fleisch geschwächt war, das tat Gott: Er sandte seinen Sohn in der Gestalt des sündigen Fleisches und um der Sünde willen und verdammte die Sünde im Fleisch, damit die Gerechtigkeit, die das Gesetz fordert, in uns erfüllt werde, die wir nun nicht nach dem Fleisch wandeln, sondern nach

> dem Geist. Denn die da fleischlich sind, die sind fleischlich gesinnt; die aber geistlich sind, die sind geistlich gesinnt. Denn fleischlich gesinnt sein ist der Tod, doch geistlich gesinnt sein ist Leben und Friede. Denn fleischlich gesinnt sein ist Feindschaft gegen Gott, weil das Fleisch sich dem Gesetz Gottes nicht unterwirft; denn es vermag's auch nicht.« (Röm 8,1–7)

In unserem neuen Stand in Christus beginnt alles mit unserer Freiheit von der Verdammnis. Was wir aus eigener Kraft nicht tun konnten, um das Gesetz zu erfüllen, hat Christus getan, indem er sowohl die Gebote des Gesetzes erfüllte als auch die Verurteilung empfing, die unsere Sünde verdient (V. 3). Christus tat dies aber nicht, damit wir so weitermachten wie bisher, sondern »damit die Gerechtigkeit, die das Gesetz fordert, *in uns* erfüllt werde« (V. 4).

Wie wird diese Forderung *in uns* erfüllt? Zuerst darin, dass wir nach dem Geist wandeln (V. 4). Wir, die wir von der Verurteilung durch das Gesetz befreit sind, fangen tatsächlich an, in Übereinstimmung mit dem Gesetz zu leben, weil der Geist in uns wirkt. Unser Leben verändert sich. Darüber hinaus geschieht noch etwas Tieferes in unserem Denken: »Denn die da fleischlich sind, die sind fleischlich gesinnt; die aber geistlich sind, die sind geistlich gesinnt« (V. 5). Es lohnt sich, genauer zu ergründen, was dieses Werk ist, das der Geist in unserem Denken tut. Die erste Aufforderung des Gesetzes lautete: »Und du sollst den Herrn, deinen Gott, lieb haben von ganzem Herzen, von ganzer Seele und mit all deiner Kraft« (5 Mose 6,5). Jesus bezeichnete dies als »das höchste und erste Gebot. Das andere aber ist dem gleich: ›Du sollst deinen Nächsten lieben wie dich selbst.‹ In diesen beiden Geboten hängt das ganze Gesetz und die Propheten« (Mt 22,38–40). Paulus erklärt: »So ist nun die Liebe des Gesetzes Erfüllung« (Röm 13,10). Ohne die Liebe zu Gott und die Liebe zum Nächsten würde das Gesetz in uns nicht erfüllt werden. Genau das ist jedoch die Veränderung, die der Geist in den Gläubigen bewirkt.

Es gibt folglich keinen Christen, der *nur* gerechtfertigt ist. Diejenigen, denen der Geist die Wiedergeburt schenkt, werden nach dem Geist leben und feststellen, dass sie anders lieben, denken und handeln. Angesichts dessen ging es im Evangelikalismus nie *allein* um Lehre. Evangelikale müssen ihre Theologie auch *anwenden* und sich daher sowohl um Orthodoxie (rechte Lehre) *als auch* um Orthopraxie (rechte Praxis) *und* Orthokardie (rechtes Herz) bemühen. Wir sollen ein Volk sein, das Gottes Wort hält, Liebe übt und demütig vor unserem Gott wandelt (vgl. Mi 6,8).

Aus seinen *Bekenntnissen* haben wir bereits gehört, wie Augustinus in der Sünde versunken war und wie dann sein Herz verändert wurde. Er lässt keinen Zweifel daran, dass der Hauptunterschied zwischen seinem alten und seinem neuen Leben in seiner Liebe lag. Er erklärt, dass wir uns zu dem hingezogen fühlen, was wir lieben. Augustinus war von der Liebe zur Sünde zur Liebe zu Gott übergegangen.

»Ein Körper strebt wegen seiner Schwere nach seinem Platze; die Schwere strebt nicht nur nach der Tiefe, sondern nach einem Ruhepunkte. Das Feuer strebt nach oben, nach unten der Stein. Ihre Schwere bestimmt ihre Bewegung und treibt sie nach ihrem Platze. Gießt man Öl unter Wasser, so erhebt es sich über das Wasser; gießt man Wasser über das Öl, so taucht es unter das Öl unter: ihre Schwere bestimmt ihre Bewegung und treibt sie nach ihrem Platze. Solange sie nicht in ihrer Ordnung sind, sind sie unruhig; erst wenn sie geordnet sind, ruhen sie. Meine Triebkraft ist meine Liebe; von ihr lasse ich mich tragen, wohin immer es mich zieht. Deine Gabe entzündet uns und trägt uns zur Höhe hinauf; sie entflammt uns, und wir setzen uns in Bewegung.«[18]

Ironischerweise war Martin Luther zwar Augustinermönch, nahm diese Erkenntnis von Augustinus aber zunächst nicht an, da er glaubte, dass gute Werke an und für sich das Gesetz erfüllen könnten. Er übte also seine Theologie aus, aber nicht auf evangelikale Art und Weise. Letztendlich musste er jedoch feststellen, dass all seine eifrigen Bemühungen ihn nur noch mehr davon abhielten, den Herrn, seinen Gott, zu lieben, und so das Gesetz tatsächlich zu erfüllen. Er stellte sich Gott als zornig und unbarmherzig vor und gestand: »Ich konnte den gerechten, die Sünder strafenden Gott nicht lieben, im Gegenteil, ich haßte ihn sogar.«[19] Erst als er den Ausdruck »keine Verdammnis«

in Römer 8,1 verstand, konnte er begreifen, was es wirklich bedeutet, »nach dem Geist« zu wandeln (Röm 8,4). So formulierte er es in seinem Vorwort zum Römerbrief – genau *dem* Vorwort, das Wesley in jener Nacht in der Aldersgate Street vorgelesen bekam:

> »Wie soll das Werk Gott gefallen, das aus unlustigem und widerwilligem Herzen hervorgehet? Aber das Gesetz erfüllen heißt: mit Lust und Liebe sein Werk tun und frei, ohne des Gesetzes Zwang göttlich und rechtschaffen leben, als wäre kein Gesetz oder Strafe. Solche Lust aus freier Liebe gibt der heilige Geist ins Herz.«[20]

Mit anderen Worten gibt es keine echte Orthodoxie und keine echte Orthopraxie ohne eine Orthokardie. Evangelikale sollten sich daher nicht mit Lehren oder religiösem Verhalten allein zufriedengeben, so korrekt es auch scheinen mag. Als aus dem Geist Geborene, sollten wir geistliche Heuchelei und geistliche Leere zurückweisen, indem wir sowohl Gott als auch den Nächsten lieben, und zwar als jene, die sich »Christi Jesu rühmen und uns nicht verlassen auf Fleisch« (Phil 3,3).

Der Unterschied zwischen dem evangelikalen und dem nicht-evangelikalen Verständnis von Heiligung lässt sich gut an einem Unterschied zwischen den Puritanern des 17. Jahrhunderts und ihren Zeitgenossen, den hochkirchlichen Caroline Divines, erkennen. Der vielleicht einflussreichste

Vertreter der Caroline Divines war William Laud (1573–1645), Erzbischof von Canterbury und Berater des englischen Königs Karl I. Er liebte das, was er »die Schönheit der Heiligkeit« nannte. Damit meinte er die liturgische Ordnung. Laud bestand strikt darauf, dass der Klerus alle Rubriken des Gebetbuchs der Kirche von England befolgen musste, und war sehr um die Kleidung des Klerus und die Instandhaltung der Kirchengebäude und deren äußere Schönheit bemüht. Er bevorzugte eine ganz bestimmte Bauweise: Weil er die Reformation (oder »Deformation«, wie er sie nannte) verachtete, zog er es vor, neue Kirchen im gotischen Vorreformationsstil mit einem architektonischen Schwerpunkt auf dem Altar anstelle eines Abendmahlstisches zu errichten. So äußert er: »[D]er Altar ist der höchste Ort, an dem Gott auf Erden wohnt, höher als die Kanzel; denn dort heißt es *Hoc est corpus meum*, das ist mein Leib; aber an dem anderen Ort heißt es höchstens *Hoc est verbum meum*, das ist mein Wort.«[21] Das alles offenbart sehr viel über seine Theologie. Seine Vorliebe für Altäre anstelle von Kanzeln betonte die Notwendigkeit der ständigen priesterlichen Vermittlung durch den Klerus im Gegensatz zur Betonung des vollendeten Werkes Christi. Auch die Betonung der Zeremonien, der Architektur und der korrekten liturgischen Abläufe spiegelt die Vorstellung der Caroline Divines wider, dass *Veränderung von außen nach innen* geschieht. Die Betonung lag also nicht auf der Notwendigkeit des persönlichen Glaubens, sondern auf der Notwendigkeit, dass äußerliche Dinge richtig gemacht werden. Richtige Kleidung, richtiges Vorgehen und richtiges Verhalten waren das Hauptanliegen.

Im Gegensatz dazu schätzten die Puritaner zwar die Liturgie (schließlich war es ein Reformator, der ihr erstes Gebetbuch verfasst hatte) und wollten nicht, dass ihre Handlungen missverstanden werden. Sie kümmerten sich hingegen weniger um Rituale, weil sie erkannten, dass das Evangelium auf andere Weise wirkt. Sie betonten, dass unser größtes Bedürfnis nicht korrektes Verhalten ist, sondern eine neue Geburt und ein neues Herz, sodass wir Gott lieben. Die Bekehrung des Herzens war für sie wichtiger als die Aufrechterhaltung einer bestimmten Praxis, denn der Geist verändert uns nicht von außen nach innen, sondern *von innen nach außen*. Demzufolge legten die Puritaner den Schwerpunkt auf Predigten, welche die Herzen von der Sünde weg und hin zu Christus bringen sollten. Für sie hatten daher die Kanzeln oberste Priorität: jene Kanzeln, auf denen das Evangelium verkündigt wurde, welches die Kraft Gottes ist, die Herzen verändert. Einer von ihnen, Richard Sibbes, erklärte:

> »Das Äußerliche ist leicht und unterliegt der Heuchelei. Es ist leicht, Kleider zu zerreißen und Tränen zu erzwingen, aber es ist schwer, die Seele zu betrüben. Das Herz des Menschen nimmt die leichtesten Wege und meidet die schwersten, weil es meint, Gott damit zu gefallen. Aber Gott lässt sich nicht auf diese Weise dienen; denn er verlangt nach einer inneren Zuneigung, sonst verabscheut er die äußere Handlung. Darum lasst uns sowohl um demütige Herzen als auch um demütige Gebärden

> ringen. Wir müssen unser Herz zerreißen und nicht unsere Kleider, wenn wir in die Gegenwart Gottes kommen.«[22]

Die Puritaner wollten eine äußerliche und sichtbare Heiligkeit, aber nur, wenn sie im Herzen verwurzelt und nicht eine bloß oberflächliche Zurschaustellung ist.

Das neue Volk

In der Praxis neigen Evangelikale leider oft dazu, ihren Glauben individualistisch zu leben. Auch hier gilt jedoch, dass wir für unser Verständnis davon, was es heißt, evangelikal zu sein, nicht die evangelikale Praxis, sondern das Evangelium zurate ziehen. Evangelikale sind Menschen, die wiedergeboren wurden. Und wiedergeboren zu werden bedeutet, *in Christus hinein* geboren oder getauft zu werden (vgl. Röm 6,3 und Gal 3,27 in der Schlachter-Übersetzung). Vom Augenblick unserer Wiedergeburt an sind wir Teil von etwas Größerem, dem Leib Christi (vgl. Röm 12,5; 1 Kor 12,13).

Das bedeutet, dass unsere Gemeinschaft im Leib Christi ein wichtiger Teil unseres neuen Lebens im Geist ist, wie J. I. Packer bemerkte.[23] Damit diese Gemeinschaft aber wahrhaft *evangelikal* ist, muss die Einheit durch das Evangelium geschaffen werden, anstatt von einer anderen Agenda oder Identität. So beschreibt Paulus in seinem Brief an die Heiden in Ephesus, wie Juden und Heiden in Christus zusammengeführt werden:

> »Denn er ist unser Friede, der aus beiden eins gemacht hat und hat den Zaun abgebrochen, der dazwischen war, indem er durch sein Fleisch die Feindschaft wegnahm. Er hat das Gesetz, das in Gebote gefasst war, abgetan, damit er in sich selber aus den zweien einen neuen Menschen schaffe und Frieden mache und die beiden versöhne mit Gott in einem Leib durch das Kreuz, indem er die Feindschaft tötete durch sich selbst. Und er ist gekommen und hat im Evangelium Frieden verkündigt euch, die ihr fern wart, und Frieden denen, die nahe waren. Denn durch ihn haben wir alle beide in einem Geist den Zugang zum Vater. So seid ihr nun nicht mehr Gäste und Fremdlinge, sondern Mitbürger der Heiligen und Gottes Hausgenossen, erbaut auf den Grund der Apostel und Propheten, da Jesus Christus der Eckstein ist.« (Eph 2,14–20)

Christus Jesus ist der Eckstein unserer Gemeinschaft und seine Lehre das Fundament unserer Einheit. Es muss zwingend so sein für jene, die sich »allein des Kreuzes unseres Herrn Jesus Christus« rühmen (Gal 6,14):

Es kann keine zweite Klasse und keine Trennung in der Kirche Christi geben.

Das ist für uns weder einfach noch selbstverständlich, weil wir alle mit unserer eigenen kulturellen Identität in die Gemeinde kommen – einer Identität, die wir leicht mit dem Evangelium verwechseln. So kann die Kirche wie ein weiterer Club anmuten, der durch ethnische Zugehörigkeit, Klasse oder Politik definiert ist. Conrad Mbewe warnt uns jedoch: »Wir dürfen die Mitgliedschaft in unserer Kirche niemals auf eine Volksgruppe oder eine Ethnie beschränken.«[24] In dem Maße, in dem unsere Kirche durch solche Merkmale definiert wird, ist sie nicht *evangelikal*. So wie Evangelikale ihre eigene individuelle Sünde bekämpfen müssen, um dem Geist gemäß zu wandeln, müssen wir die kollektive Sünde bekämpfen, die darin besteht, dass wir zulassen, dass etwas anderes als das Evangelium die Grundlage unserer Einheit ist. Wir müssen die Wahrheit ausleben, dass alle, die wiedergeboren sind, in Christus Jesus eins sind, und zwar *nur* in Christus Jesus eins, nicht durch irgendetwas anderes (vgl. Gal 3,27–28). Nur so können wir bezeugen, dass das Evangelium die Hoffnung auf Frieden in der Welt ist und Juden und Heiden, Männer und Frauen, Schwarze und Weiße, Reiche und Arme, alle in die liebende Gemeinschaft Gottes einbezieht.

5. Die Wichtigkeit dessen, Menschen des Evangeliums zu sein

Das Neue Testament hat viel darüber zu sagen, wie wichtig es ist, dass wir Menschen des Evangeliums sind.

Der Römerbrief zum Beispiel ist ein neutestamentliches Buch, in dem es sowohl um das *Evangelium* als auch darum geht, *Menschen des Evangeliums* zu sein. In den ersten elf Kapiteln erläutert Paulus das »Evangelium Gottes, das er zuvor verheißen hat durch seine Propheten in der Heiligen Schrift« (1,1–2). Es ist die Gute Nachricht »von seinem Sohn« (1,3), dem letzten Adam (vgl. 5,12–21), unserer einzigen Hoffnung. Auch ist es die Gute Nachricht von »Erlösung, die durch Christus Jesus geschehen ist. Den hat Gott für den Glauben hingestellt zur Sühne in seinem Blut« (3,24–25). Im Römerbrief lesen wir:

> »Da ist keiner, der gerecht ist, auch nicht einer.
> Da ist keiner, der verständig ist;
> da ist keiner, der nach Gott fragt.
> Alle sind sie abgewichen
> und allesamt verdorben.« (3,10–12)

Doch diejenigen, die in der Sünde verloren sind (vgl. 8,7), können »gerettet werden vor dem Zorn« (5,9). Sünder »werden ohne Verdienst gerecht aus seiner Gnade durch die Erlösung, die durch Christus Jesus geschehen ist« (3,24). Durch das Evangelium können sie wiedergeboren und mit Christus in seinem Tod und seiner Auferstehung vereint werden (vgl. 6,3–4), der Verurteilung entkommen (vgl. 8,1) und ein neues Leben genießen, in dem sie »nach dem Geist« wandeln (8,4). Solche Menschen – seien es Juden oder Heiden –, die von Herzen an Jesus glauben, werden zum wahren Volk Gottes gerechnet. Sie sind das Volk, das die »Gerechtigkeit, die aus dem Glauben kommt«, erlangt hat (9,30; vgl. 10,9–13).

Auf die Gefahr hin, zu stark zu vereinfachen, könnten wir die ersten elf Kapitel des Römerbriefes folgendermaßen zusammenfassen:

- In den Kapiteln 1–4 geht es um die ein für alle Mal erfolgte Erlösung verlorener Sünder durch den Sohn, damit sie allein aus Gnade gerechtfertigt werden.
- Die Kapitel 5–8 drehen sich um das Werk der Wiedergeburt durch den Geist, bei dem dieser den Toten eine neue Geburt und den Sündern ein neues Leben schenkt, sodass sie im Geist wandeln.
- Die Kapitel 9–11 befassen sich mit dem Wort der Offenbarung des Vaters. Sie bilden eine biblische Verteidigungsschrift gegen die Be-

hauptung, »dass Gottes Wort hinfällig geworden sei« (Röm 9,6).

Ab Kapitel 12 appelliert Paulus an die römischen Christen, nun als veränderte Menschen nach dem Evangelium zu leben. Insbesondere ruft er *angesichts ihrer Unterschiede* (vgl. 12,3–8) auf: »Die brüderliche Liebe untereinander sei herzlich« (12,10; vgl. 12,13–21; 13,8–14). Paulus weiß, dass sie zwar ein gemeinsames Evangelium haben, aber in einer Reihe anderer Fragen (etwa was man essen soll und welche Tage besonders wichtig sind) unterschiedlicher Meinung sind. Also bittet er sie, sich in solchen Fragen nicht gegenseitig zu verurteilen oder zu betrüben (vgl. Röm 14). Auffallend ist der völlig andere Tonfall als in Galater 1, wo Paulus feststellt, dass sich die Galater »einem andern Evangelium« zuwenden (Gal 1,6). Für Paulus ist es völlig inakzeptabel, das Evangelium zu verändern: »Aber selbst wenn wir oder ein Engel vom Himmel euch ein Evangelium predigen würden, das anders ist, als wir es euch gepredigt haben, der sei verflucht« (Gal 1,8). In Römer 14 ist es jedoch nicht das Evangelium, das Uneinigkeit auslöst. Das Evangelium ist keine Angelegenheit, über die wir frohen Mutes unterschiedlicher Meinung sein könnten. Menschen des Evangeliums sollten sich zwar niemals vom Evangelium selbst entfernen, aber in vielen anderen Fragen, in denen Christen unterschiedlicher Meinung sind, einen gewissen Spielraum zulassen. Sie sollten sogar aktiv auf jene achthaben, »die Zwietracht und Ärgernis anrichten« (Röm 16,17). Das ist es, was es bedeutet, *Menschen des*

Evangeliums und nicht Menschen einer Partei oder Menschen eines bestimmten Hobbys zu sein.

Ähnliche Töne schlägt der 1. Korintherbrief an. Dort schreibt Paulus von dem Tod und der Auferstehung Christi als den Dingen, die er den Korinthern »als Erstes« verkündigte (1 Kor 15,3). Die erste (und anscheinend grundlegendste) Ermahnung des Briefes lautet jedoch: »Ich ermahne euch aber, Brüder und Schwestern, im Namen unseres Herrn Jesus Christus, dass ihr alle mit einer Stimme redet; und lasst keine Spaltungen unter euch sein, sondern haltet aneinander fest in einem Sinn und in einer Meinung« (1,10). Eine in sich gespaltene Gemeinde, die von den Rufen: »Ich gehöre zu Paulus«, »Ich zu Apollos«, »Ich zu Kephas«, und: »Ich zu Christus« (1,12) durchdrungen ist, ruft Paulus zur Einheit allein in Christus und dem Wort des Kreuzes auf (1,13–31). Während das Evangelium niemals durch unsere Handlungen (Kap. 5–6) oder unsere Überzeugungen (Kap. 15) kompromittiert werden darf, ruft Paulus zu einer Einheit auf, die im Evangelium (11,17–14,40) gefunden wird und nicht von einer völligen Einigkeit in jeder einzelnen Frage abhängt (Kap. 8). So beweisen wir, dass wir keiner Sekte, sondern dem Evangelium angehören.

Das Evangelium, unser Anker

Für Menschen des Evangeliums ist das Evangelium der Anker, an dem wir uns festhalten können. Ein Anker verhindert das Abdriften eines Schiffes, lässt ihm aber eine gewisse Bewegungsfreiheit auf der Wasseroberfläche. Genau so bindet uns das Evangelium an die Dinge der Heiligen Schrift, die von größter Wichtigkeit sind, während es uns etwas Spielraum für Meinungsverschiedenheiten in anderen Fragen lässt. Wie Paulus die Römer und Korinther zur Einheit im Evangelium und zur Freiheit darin, was sie essen sollen, aufrief, so hält uns der Anker davon ab, in unserem Glauben Schiffbruch zu erleiden (vgl. 1 Tim 1, 19), ohne dass jede Meinungsverschiedenheit zu einer Spaltung führt.

Mit dem Evangelium als unserem Anker können Evangelikale verstehen, dass nicht jede Angelegenheit eine Angelegenheit des Evangeliums und nicht jeder Irrtum (oder jede Abweichung von unserer Sicht oder Praxis) eine Häresie ist, die das Seelenheil gefährdet. Einige Lehren sind wesentlicher und grundlegender als andere (vgl. Hebr 5, 12–14). Henry Venn vertrat die Ansicht, dass die Anerkennung dieser Tatsache ein Unterscheidungsmerkmal des evangelikalen Denkens sei. Er schrieb: Evangelikale »zeichnen sich nicht so sehr durch systematische Erklärungen von Lehrsätzen aus, als vielmehr dadurch, dass sie den einzelnen Teilen des christlichen Systems unterschiedliche Bedeutung zumessen und für sie die Anwendung der christlichen Lehren auf das Herz und das Verhalten zentral ist.«[1] Dies, so ergänzt J. C. Ryle, ist der einzig wahre Weg, um Menschen des Evangeliums zu sein:

> »Man kann das Evangelium durch Unverhältnismäßigkeit verderben. Man braucht nur den zweit-

> rangigen Dingen des Christentums eine übertriebene Bedeutung beizumessen und den wichtigsten Dingen eine verminderte Bedeutung, und schon ist das Unheil geschehen. Verändern Sie einmal die Proportionen der Teile der Wahrheit, und die Wahrheit wird bald zu einem regelrechten Irrtum! Tun Sie dies, entweder direkt oder indirekt, und Ihre Religion hört auf, evangelikal zu sein.«[2]

Evangelikal zu sein bedeutet also, dazu berufen zu sein, biblische Weisheit zu gebrauchen. Wie J. I. Packer es ausdrückte, geht es darum, zwischen Tugend und Laster zu unterscheiden: »der Tugend, unterschiedliche Ansichten in sekundären Fragen auf der Grundlage klarer Einheit in den primären Fragen zu tolerieren« und »dem Laster, sich vom Licht der Schrift in einen intellektuellen Nebel zurückzuziehen, in dem alle Katzen grau und keine Konturen mehr klar erkennbar sind, und stattdessen Synkretismus zur vorgeschriebenen Aufgabe wird«[3].

Eine solche Unterscheidung zu treffen, ist keine leichte Aufgabe, und eine Beschreibung, wie das gut gelingen kann, braucht mehr als nur ein paar Seiten.[4] Albert Mohler verwendet hier jedoch eine hilfreiche Metapher für evangelikales Denken: die theologische Triage.[5] Triage ist ein Verfahren zur Einteilung und Priorisierung, das häufig in medizinischen Kontexten verwendet wird, um im Notfall zu entscheiden, welche Verletzungen zuerst behandelt werden müssen. Sie sorgt dafür, dass eine Schusswunde mit größerer

Dringlichkeit behandelt wird als ein aufgeschürftes Knie. Die *theologische* Triage stellt fest, dass einige Lehren höchste Priorität haben und für das Evangelium von grundlegender, primärer Bedeutung sind. Es handelt sich dabei um jene Art von Lehren, die wir in diesem Buch betrachten: das Wesen und die Identität des dreieinigen Gottes, die Offenbarung des Vaters, die Erlösung durch den Sohn und die Wiedergeburt durch den Geist. Dann gibt es andere Lehren, die zwar nicht die höchste Priorität haben, aber auch nicht unwichtig sind. Einige Lehren sind zweitrangig, wie die Taufe und die Form der Kirchenleitung, die zwar nicht wesentlich für das Evangelium sind, aber Christen dennoch dazu bewegen, sich in verschiedene Konfessionen aufzuteilen. Andere Lehren, wie etwa die unterschiedlichen Auffassungen über den Zeitpunkt der Wiederkunft Christi, sind tertiär. Es handelt sich dabei um Fragen, über die Christen unterschiedlicher Meinung und dennoch in enger Gemeinschaft sowie in derselben Ortsgemeinde sein können.[6] Sekundäre und tertiäre Lehren sind *immer noch wichtig*, doch sie dürfen nicht überbewertet werden. Zuletzt gibt es noch einige andere Themen, die eigentlich relativ unwichtig sind, wie zum Beispiel die Frage, was wir essen.

Menschen des Evangeliums zu sein bedeutet also, sowohl unerschütterliche Treue zum Evangelium zu haben *als auch* es abzulehnen, andere Themen auf die Ebene des Evangeliums zu heben. Deswegen bewegen sich Evangelikale immer auf dem schmalen Grat zwischen zu viel Kampf und zu wenig Unterscheidungsvermögen. Immer wieder haben wir darin versagt – und wurden dafür von beiden Seiten angegriffen. Unser Versagen schmälert jedoch den Wert und die Richtigkeit der Aufgabe nicht. Die Treue zum Evangelium verlangt, dass wir gleichzeitig gegen Spaltungen und gegen Verwässerungen vorgehen.

Zersplitterung und Verwischung

Weltweit gibt es hier vieles, über das wir als Evangelikale Buße tun müssen. Wir haben uns einer Tendenz zu spalten schuldig gemacht, sodass wir uns in Gruppen von Gleichgesinnten abtrennen und nur mit jenen Gemeinschaft haben, die mit uns in zweit- oder sogar drittrangigen Fragen übereinstimmen; oder mit jenen, die unsere politischen Ansichten teilen; oder aber mit denen, die ähnliche kulturelle Annahmen haben wie wir. *Und* wir haben uns dessen schuldig gemacht, das Evangelium dadurch zu kompromittieren, dass wir es abschwächen, um eine Art sub-evangelikale »Evangelium-light«-Einheit zu erreichen.

Jeder von uns neigt vermutlich entweder zum einen oder zum anderen Fehler. Konservative neigen dazu, theologische Verwischung am meisten zu fürchten. Ein klares Beispiel für eine solche inakzeptable Herabstufung des Evangeliums wäre die 1999 von der römisch-katholischen Kirche und dem Lutherischen Weltbund unterzeichnete Gemeinsame Erklärung zur Rechtfertigungslehre. In der Erklärung behaupteten beide Parteien, dass sie »nunmehr imstande sind, ein gemeinsames Verständnis unserer

Rechtfertigung durch Gottes Gnade im Glauben an Christus zu vertreten«[7]. Das war eine erstaunliche Behauptung, die den Anschein erweckte, die Verurteilungen des Konzils von Trient (1545–1563) zu umgehen. Diese besagten:

> »Kan. 9. Wer sagt, der Gottlose werde allein durch den Glauben gerechtfertigt, so daß er darunter versteht, es werde nichts anderes erfordert, wodurch er zur Erlangung der Rechtfertigungsgnade mitwirke, und es sei keineswegs notwendig, daß er sich durch seine eigene Willensregung vorbereite und zurüste: der sei mit dem Anathema belegt [vgl. DH 1532; DH 1538; DH 1465; DH 1460f].
>
> Kan. 11. Wer sagt, die Menschen würden entweder allein durch die Anrechnung der Gerechtigkeit Christi oder allein durch die Vergebung der Sünden ohne die Gnade und Liebe gerechtfertigt, die in ihren Herzen durch den Heiligen Geist ausgegossen wird [vgl. Röm 5, 5] und ihnen einwohnt; oder auch, die Gnade, durch die wir gerechtfertigt werden, sei nur die Gunst Gottes: der sei mit dem Anathema belegt [vgl. DH 1528–1531; DH 1545f].
>
> Kan. 12. Wer sagt, der rechtfertigende Glaube sei nichts anderes als das Vertrauen in die göttliche Barmherzigkeit, die um Christi willen die Sünden vergibt; oder es sei allein dieses Vertrauen, durch

> das wir gerechtfertigt werden: der sei mit dem Anathema belegt [vgl. DH 1533f].
>
> Kan. 24. Wer sagt, die empfangene Gerechtigkeit werde durch gute Werke vor Gott nicht bewahrt und auch nicht vermehrt, sondern diese Werke seien lediglich die Früchte und Zeichen der erlangten Rechtfertigung, nicht auch die Ursache ihrer Vermehrung: der sei mit dem Anathema belegt [vgl. DH 1535.]«.[8]

Doch angesichts dieser Verurteilungen war das Verständnis der Rechtfertigung in der Gemeinsamen Erklärung nicht, dass Sünder allein durch Glauben, ohne Werke, einzig durch die Vergebung der Sünden und durch die bloße Zuschreibung der Gerechtigkeit Christi gerettet werden. Es konnte daher nicht auf das evangelikale Verständnis der Rechtfertigung hinauslaufen, welches das Konzil von Trient so sorgfältig zu definieren und zu verwerfen suchte.[9] Überdies lehrt der offizielle *Katechismus der katholischen Kirche* immer noch: »Darin besteht ›die Rechtfertigung selbst, die nicht nur Vergebung der Sünden ist, sondern auch Heiligung und Erneuerung des inneren Menschen‹. Die Rechtfertigung *löst den Menschen von der Sünde*, die der Liebe zu Gott widerspricht, und reinigt sein Herz.«[10] Würde es stimmen, dass die Rechtfertigung ein Prozess ist, der unsere Heiligung und innere Erneuerung einschließt, so käme der Katechismus zu Recht zu dem Schluss, dass wir uns damit für das ewige Leben qualifizieren könnten. Ein solches Verständnis lässt sich jedoch nicht mit einem evangelikalen Verständnis der Rechtfertigung vereinbaren, wonach ich den Status der Gerechtigkeit Christi erhalte, ohne dass dieser Status in irgendeiner Weise vom Zustand meines Herzens oder meines Lebens abhängig ist. »Während der Evangelikalismus die Rechtfertigung als einen deklarativen göttlichen Akt betrachtet, durch den Gott den Sünder in Christus für gerecht erklärt, sieht Rom die Rechtfertigung als einen fortlaufenden, transformativen und kooperativen Prozess.«[11] Es ist also irreführend und trügerisch anzunehmen, die Gemeinsame Erklärung würde so etwas wie ein Ende der zentralen theologischen Differenzen zwischen Evangelikalen und der römisch-katholischen Kirche bedeuten. Die Frage der Reformation bleibt bestehen: Werden die Gläubigen *allein* durch den Glauben an Christus gerechtfertigt, wie Evangelikale behaupten, oder ist das ewige Leben, wie Rom lehrt »zugleich Gnade als auch Lohn, der von Gott für gute Werke und Verdienste gegeben wird«?[12]

Während theologisch Konservative eine solche Herabstufung wohl kaum akzeptieren, neigen sie aber gleichzeitig dazu, dem entgegengesetzten, hässlichen Irrtum zu verfallen: *rabies theologorum*. Als Luthers Freund Philipp Melanchthon (1497–1560) im Sterben lag, schrieb er von seinem Glück, dass er bald frei sein würde von *rabies theologorum*, von der »Tollwut der Theologen«. Damit meinte er den Hang der Theologen dazu, einander wie tollwütige Hunde anzuschnauben. Das beschreibt die eigenwillige Neigung, zuzulassen, dass zweit- und drittrangige Themen den Schlachtruf des Evangeliums übertrumpfen.

Theologen sind nicht die Einzigen, die diese Tendenz haben und sich darin schuldig machen. Schließlich ist es nicht die Theologie allein, die Evangelikale zersplittert. Bei Weitem nicht! Persönlichkeiten, Kultur und Politik können das Evangelium ebenso verdrängen. Beim evangelikalen Lagerdenken geht es allzu oft gar nicht um lehrmäßige Meinungsunterschiede (wie sehr es auch so scheinen mag). Evangelikale Christen, Gemeinden und Werke können Theologie dazu *benutzen*, die tatsächlichen persönlichen oder politischen Gründe dafür zu verschleiern, warum sie nicht das Maß an Gemeinschaft haben, zu dem ihr gemeinsamer Glaube führen sollte. Wahrer Evangelikalismus sollte bedeuten, dass wir eine herzliche Gemeinschaft mit anderen Evangelikalen genießen können, ohne denken zu müssen, dass unsere Gemeinschaft unsere Zustimmung zu allem, was sie glauben, impliziert. Wenn jedoch die Loyalität zum Evangelium abnimmt, entstehen Fraktionen, die von Kultur oder von Persönlichkeiten geprägt sind. In diesen Lagern pflegen die Mitglieder keine Gemeinschaft mit »Außenstehenden«, weil das als Billigung aller unterschiedlichen Ansichten des Gegenübers ausgelegt werden könnte. Gerade weil das Evangelium nicht der einigende Faktor ist, werden Menschen in solchen Situationen zunehmend blind für die Unterscheidung zwischen den zentralen Themen des Evangeliums und den kulturellen Unterschieden. Ich erinnere mich an eine Geschichte, die mir norwegische Freunde von einer theologischen Konferenz in Norwegen berichteten. Die Konferenz wurde von einer Frau besucht, die Schminke trug. Die Männer waren darüber so schockiert, dass sie glatt ihre Zigarren in ihr Bier fallen ließen. Es war ihnen nicht in den Sinn gekommen, dass ihr eigenes Rauchen und Trinken für andere Christen ebenso überraschend oder anstößig sein könnte. Was sie beunruhigte, war das Make-up, das aber unter anderen Christen als ganz normal angesehen wird. Nicht mehr das Evangelium, sondern die Kultur war zur Norm geworden.

Carl Henry ging noch weiter und beklagte:

> »Die Evangelikalen scheinen oft eine der am meisten gespaltenen und spaltenden Kräfte in der kirchlichen Welt zu sein, auch in ihrem Umgang untereinander. Spaltungen, Misstrauen, wortreiche Kampagnen sind an der Tagesordnung. Streitereien über weniger wichtige Angelegenheiten scheinen die Energie zu beanspruchen, die eigentlich für die Zusammenarbeit in wesentlichen Fragen verwendet werden sollte.«[13]

In scharfem und wunderschönem Kontrast verkörperte Charles Spurgeon den evangelikalen Geist durch die Art und Weise, wie er von John Wesley sprach. Als Calvinist verabscheute Spurgeon Wesleys Arminianismus. Dennoch weigerte er sich, Wesley abzuschreiben. Er betrachtete ihn als einen unvollkommenen evangelikalen Helden, von dem alle Evangelikalen lernen könnten. Das bedeutete einerseits, dass er sich weigerte, einem sektiererischen Wesley-Kult zu frönen, obwohl er wusste, dass dies einige verärgern würde:

»Wenn man ihn nicht ständig bewundert, wenn man nicht bereit ist zu behaupten, dass er keine Fehler hatte und dass er alle Tugenden, sogar die unerreichbaren hatte, kann man seine Bewunderer unmöglich zufrieden stellen.«[14] Andererseits lehnte es Spurgeon noch entschiedener ab, sich einer calvinistischen, sektiererischen Verunglimpfung Wesleys hinzugeben:

> »Für Ultra-Calvinisten ist sein Name so verabscheuungswürdig wie der Name des Papstes für einen Protestanten: Man braucht nur von Wesley zu sprechen, und jedes erdenkliche Übel wird vor ihren Augen heraufbeschworen, und keine Verurteilung wird für einen Erzketzer wie ihn als schrecklich genug erachtet. Ich glaube wahrhaftig, dass es einige gibt, die gern seine Gebeine aus dem Grab holen und verbrennen würden, wie sie es mit den Gebeinen des alten Wyclif getan haben – Männer, die so hoch in der Lehre stehen und ihr außerdem so viel Bitterkeit und Lieblosigkeit hinzufügen, dass sie sich nicht vorstellen können, dass ein Mensch Gott überhaupt fürchten kann, wenn er nicht genau so glaubt wie sie.«[15]

Sowohl Calvinisten als auch Arminianer sollten in der Lage sein, die im Evangelium verankerte Weisheit und Sensibilität, die Spurgeon hier an den Tag legt, wertzuschätzen. Sie lehrt uns, dass wir das Evangelium mit Treue verteidigen und Irrtümern entgegentreten können, während wir gleichzeitig die Warnung von J. C. Ryle beherzigen, dass »wir Menschen nicht allzu stark verurteilen, nur weil sie nicht alles aus unserer Sicht sehen, oder exkommunizieren und anathematisieren, nur weil sie nicht unser Schibboleth aussprechen«[16]. Ein wahrer evangelikaler Geist hat sowohl ein starkes lehrmäßiges Rückgrat als auch ein Herz der Weisheit und Gnade.

Ein Seil aus Sand?

Man könnte sich fragen, ob es sich wirklich lohnt, den schwierigen evangelikalen Weg zu gehen, zwischen essentiellen und weniger zentralen Fragen zu unterscheiden. Es wäre sicherlich einfacher für uns alle, den Versuch aufzugeben und uns in Hütten zurückzuziehen, in denen jeder mit uns in fast allem übereinstimmt. Das wäre eine bequeme Position, die es jedem ermöglichte, es sich in seiner eigenen Kultur gemütlich zu machen. Eine solch unbekümmerte Gleichgültigkeit gegenüber der Einheit der Christen ist gemessen am Evangelium jedoch nicht gesund. In der Nacht vor seiner Kreuzigung war es Jesu ausdrücklicher Wunsch, dass die Gläubigen »alle eins seien. Wie du, Vater, in mir bist und ich in dir, so sollen auch sie in uns sein, auf dass die Welt glaube, dass du mich gesandt hast« (Joh 17,21). Carl Henry kommentierte dieses Gebet Jesu so:

> »Egal, wie laut wir unsere Verbundenheit mit der Schrift verkünden, wir erweisen ihr einen schlechten Dienst und verschaffen uns selbst wenig

> Glaubwürdigkeit, wenn wir in unserem Handeln den darin offenbarten Willen Gottes eklatant missachten. Ist der erklärte Wille Jesu Christi einmal bekannt, bedarf es keines weiteren Motivs. Es ist die Freude und das Vorrecht der Schafe, die Stimme des Hirten zu hören und ihr zu gehorchen.«[17]

Anschließend vergoss Christus sein Blut – das ist das Herzstück unseres Evangeliums –, um uns gemeinsam mit Gott zu versöhnen:

> »Jetzt aber in Christus Jesus seid ihr, die ihr einst fern wart, nahe geworden durch das Blut Christi. Denn er ist unser Friede, der aus beiden eins gemacht hat und hat den Zaun abgebrochen, der dazwischen war, indem er durch sein Fleisch die Feindschaft wegnahm. Er hat das Gesetz, das in Gebote gefasst war, abgetan, damit er in sich selber aus den zweien einen neuen Menschen schaffe und Frieden mache und die beiden versöhne mit Gott in einem Leib durch das Kreuz, indem er die Feindschaft tötete durch sich selbst.« (Eph 2,13–16)

Deshalb kann Paulus in seinem Brief an die Römer das Evangelium darlegen, das sie eint, um sie schließlich angesichts aller Differenzen aufzufordern: »Die brüderliche Liebe untereinander sei herzlich. Einer komme dem andern mit Ehrerbietung zuvor« (Röm 12,10), und sie zu ermahnen: »dass ihr auf die achtet, die Zwietracht und Ärgernis anrichten« (16,17). Gemäß dem Evangelium ist Einheit – nicht Sektierertum – ein Anzeichen von Gesundheit.

Ein Teil der Schwierigkeit mit der evangelikalen Einheit besteht darin, dass wir instinktiv dazu neigen, uns die Einheit institutionell vorzustellen. So ist es im Katholizismus, wo die Einheit *strukturell* oder *institutionell* ist: Mit Christus vereint zu sein bedeutet, Mitglied der römisch-katholischen Kirche zu sein. Dies hat verständlicherweise einen gewissen Reiz für Evangelikale, die von ihrer lehrmäßigen Verwirrung desillusioniert sind. Die historischen Strukturen und langen Traditionen der römisch-katholischen und orthodoxen Kirchen scheinen die Möglichkeit der greifbaren, historischen und weltweiten Einheit zu bieten, nach der sie sich sehnen. Eine solche strukturelle Einheit kann robuster *erscheinen*, um Irrtümern zu widerstehen. Im Vergleich dazu kann der Evangelikalismus zerbrechlich und fragil *wirken*.

Die Evangelikalen sind jedoch der Überzeugung, dass echte Einheit tiefer gehen muss. Organisatorische Einheit führt nicht zu der Art von Einheit, für die Christus gebetet hat. Schließlich kann jemand Mitglied einer Ortsgemeinde sein, ohne wiedergeboren oder mit Christus verbunden zu sein. Im Moment ist der Weizen noch mit dem Unkraut vermischt. Wenn wir Evangelikale über Jesu Gebet um die Einheit seiner Kinder nachdenken, stellen wir uns nicht vor, dass er von einer monumentalen Institution träumt, sondern von einer *geistlichen* Einheit. Diese Einheit wird praktische Formen von Gemeinschaft und Partnerschaft annehmen, aber, wie Iain Murray es ausdrückte, »geistliche Einheit erfordert keine Einheit in der Organisation«. Er fährt fort: »Eine äußere Einheit über wesentliche Wahrheiten zu stellen (ohne die es überhaupt keine Kirche geben kann), ist mit dem Evangelium unvereinbar.«[18] Ist es außerdem wirklich wahr, dass eine institutionelle Einheit robuster gegen Irrtum oder Spaltung ist? Die römisch-katholische Kirche hat eine beeindruckende institutionelle Einheit durch Raum und Zeit hindurch aufrechterhalten, leugnet aber gleichzeitig etwa die Vorrangstellung der Heiligen Schrift und die völlige Hinlänglichkeit des ein für alle Mal dargebrachten Opfers Christi am Kreuz. Sind solche Institutionen wirklich einmütiger?

D. A. Carson schreibt:

> »Ich bin, offen gesagt, erstaunt, dass manche glauben, die evangelikale Theologie sei zersplitterter als konfessionelle Theologie oder die Theologie einer bestimmten breit aufgestellten Tradition. Die presbyterianische Theologie, die wir in Veröffentlichungen wiederfinden, reicht heute vom Westminster-Konfessionalismus bis hin zur völligen Ablehnung des Übernatürlichen, mit allen nur denkbaren Zwischenstufen. Und am anderen Ende des Spektrums gibt es ordinierte presbyterianische Geistliche, die darauf bestehen, dass Sophia ein weiblicher Ausdruck Gottes ist, vertreten

> pantheistische Ansichten und befürworten die Reinkarnation. Das, was als reformiertes Denken bezeichnet wird, ist ebenso vielfältig; die Traditionen der Heiligungsbewegungen und der Charismatiker sind kaum weniger unterschiedlich. Es ist also in jedem Fall immer unfair, das Beste der einen Tradition mit dem Schlechtesten der anderen zu vergleichen.«[19]

Vor fünfhundert Jahren warnte die römisch-katholische Kirche die Reformatoren davor, dass ihre Ablehnung der Autorität des Papstes dazu führen würde, dass ihre Bewegung schnell in tausend Splittergruppen zerfallen würde. Die Beweise aus den vergangenen Jahrhunderten haben diesen Vorwurf jedoch widerlegt. Ein halbes Jahrtausend später ist der Evangelikalismus nicht hoffnungslos zersplittert. J. I. Packer und Thomas Oden weisen das in ihrem Buch *One Faith: The Evangelical Consensus* nach.[20] Anhand von etwa fünfundsiebzig evangelikalen Dokumenten, darunter dem Lausanner Bund (1974), dem Manifest von Manila (1989) und der Amsterdamer Erklärung (2000), zeigen sie, dass es unter denjenigen, die sich als evangelikal *bezeichnen*, einen beeindruckenden theologischen Konsens gibt. Die Autorität der Bibel – und manchmal war es im wahrsten Sinne des Wortes die Bibel allein, die ihnen zur Verfügung stand – hat Millionen Gläubige dazu gebracht, dieselben wesentlichen Inhalte des Evangeliums zu teilen, die von Paulus, Luther und Newton gelehrt wurden.

Dieser theologische Konsens war die Grundlage für jahrhundertelange konfessionsübergreifende evangelistische Bemühungen. Die evangelikale Einheit im Evangelium hat sich als lebensspendend und fruchtbar erwiesen. Baptistenpastoren in Polen, anglikanische Geistliche in Australien, presbyterianische Prediger in Schottland und unabhängige Pastoren in China, die sich noch nie getroffen und keine organisatorische Verbindung haben, senden Gelder, um die Missionsbemühungen des jeweils anderen zu unterstützen, im Vertrauen darauf, dass sie dem gleichen Evangelium dienen und es verkünden.[21] Wo wären all die evangelikalen übergemeindlichen Missionsorganisationen ohne dieses Vertrauen? Kenneth Collins und Jerry Walls argumentieren sogar:

> »Der evangelikale Protestantismus mit all seiner konfessionellen Vielfalt stellt ein weitaus beeindruckenderes Modell wahrer Einheit dar als die Kirche von Rom. Die National Association of Evangelicals setzt sich aus etwa vierzig verschiedenen evangelikalen Kirchen zusammen. Trotz ihrer Differenzen in sekundären Fragen besteht hier echte Übereinstimmung und wesentliche Einigkeit in der klassischen orthodoxen katholischen Glaubenslehre. Die meisten dieser Kirchen stehen darüber hinaus in Gemeinschaft miteinander. Ebenso ist es eine sichere Wette, anzunehmen, dass es unter den Mitgliedern der Evangelical Theological Society weit mehr echte Übereinstimmung über das

katholische Christentum gibt als etwa unter den Mitgliedern der Catholic Theological Society of America.«[22]

Evangelikale und Konfessionen

Wenn Evangelikale sich um eine geistliche Einheit bemühen, wie sollen sie dann über all ihre Konfessionen denken? Zunächst glauben sie nicht, dass die Einheit, die Jesus sich wünscht, durch den organisatorischen Zusammenschluss von Konfessionen zustande kommt, denn wahre Einheit ist nicht nur strukturell. Dann werden sie gewiss versuchen, die Kirche durch das Wort Gottes zu reinigen, aber sie werden nicht von einer einzigen, vereinigten evangelikalen Kirche oder Konfession träumen. Der Evangelikalismus ist per Definition konfessionsübergreifend. Die Weisheit, die Paulus im Römerbrief aufzeigt, bedeutet, den Unterschied zwischen primären und sekundären Themen zu erkennen. Es bedeutet, dass Ortsgemeinden, Konfessionen und Organisationen in verschiedenen sekundären Angelegenheiten (wie etwa der Kirchenleitung) Einigkeit brauchen, obwohl das Evangelium selbst diese nicht verlangt. Iain Murray erklärt:

> »Der Evangelikalismus steht für die rettenden, wesentlichen Elemente des christlichen Glaubens. Er hat jedoch nie behauptet, dass ein solches Minimum an Glaubensüberzeugungen alles ist, was für das gesamte Leben und die Organisation der

> Kirchen notwendig ist. Der ganze Ratschluss Gottes enthält mehr als dieses Minimum, und wie dieser Ratschluss in bestimmten Punkten zu verstehen ist, ist seither Gegenstand langwieriger Meinungsverschiedenheiten gewesen unter denen, die sich darin einig sind, die absolute Autorität der Bibel anzuerkennen.«[23]

Es ist nicht so, dass Evangelikale sich nicht für theologische Fragen *interessieren*, die über die rettenden Grundlagen des christlichen Glaubens hinausgehen. Es bedeutet auch nicht, dass wir solche Fragen vernachlässigen, um eine uniforme, aber schale Identität anzunehmen, die allen passt. Wir sind nicht gezwungen, zwischen Freikirche, Baptisten, Pfingstlern, Brüdergemeinde usw. und dem Evangelikalismus zu wählen.

Evangelikale können und sollten gute und eifrige Mitglieder ihrer Ortsgemeinde oder Konfession sein, mit all ihren besonderen lehrmäßigen Anforderungen.

Doch Menschen des Evangeliums zu sein bedeutet, dass wir dem Evangelium den Vorrang vor allen anderen Dingen geben. So kann Iain Murray sagen, dass historisch gesehen »ein Merkmal eines Evangelikalen darin bestand, dass er sein evangelikales Engagement über die konfessionelle Zugehörigkeit stellte und dass er zwar gern mit Evangelikalen anderer Konfessionen in der Evangelisation und auf Kongressen zusammenarbeitete, aber ein gemeinsames

Zeugnis und gemeinsame Aktivitäten mit Andersgläubigen vermied«[24]. Murray greift hier eine Reihe wichtiger Punkte auf. Erstens waren und sind Evangelikale entschlossen, »evangelikal« (richtig verstanden) zu unserer primären christlichen Identität zu machen, da es uns vor allem um das Evangelium geht. Zweitens bedeutet das nicht, dass man andere Lehren aufgeben muss, wie z. B. jene, die Konfessionen voneinander unterscheiden. Man erkennt einfach an, dass nicht alle Lehren – selbst wenn sie wichtig sind – grundlegende Wahrheiten höchster Priorität sind. Drittens teilen Evangelikale nicht nur gemeinsame Überzeugungen: Da wir uns als Brüder und Schwestern in Christus lieben, streben wir aktiv nach Gemeinschaft über konfessionelle Grenzen hinweg, um unsere geistliche Einheit zum Ausdruck zu bringen. Viertens erfordert eine solche Gemeinschaft keine umfassende Einigkeit über sekundäre und tertiäre Fragen. Solche Fragen können und sollten von Evangelikalen leidenschaftlich und wohlwollend in einer Weise diskutiert werden, die unsere grundsätzliche Einheit im Evangelium nicht infrage stellt oder beeinträchtigt.

Wahre Katholizität erfordert keine monumentale Institution. Es wird immer konfessionelle Unterschiede geben, welche die Differenzen unter den Evangelikalen in Fragen wie der Taufe und der Kirchenordnung widerspiegeln. Die evangelikale Gesinnung versucht jedoch, der Weisheit von J. C. Ryle zu folgen, der riet: »Haltet die Mauern der Trennung so niedrig wie möglich und gebt euch so oft wie möglich die Hand.«[25] Wenn wir uns die Reihenfolge der unterschiedlichen Prioritäten der Lehre vor Augen halten, hilft uns das, das Niveau der Gemeinschaft zu erkennen, das wir mit anderen erwarten und genießen können. Wir erwarten und setzen uns dafür ein, dass wir mit anderen Evangelikalen eine tiefstmögliche Einheit des Herzens und des Verstandes haben können, aber wir nehmen nicht an, dass dies bedeutet, dass wir alle Mitglieder der gleichen Konfession oder Organisation sein könnten. Das wird denen, die eine rein äußerliche Einheit bevorzugen, zu abstrakt erscheinen. Auch wird es abstrakt bleiben, wenn wir nie daran arbeiten, unsere Einheit im Evangelium *sichtbar* zum Ausdruck zu bringen. Trotzdem ist genau dies die Art und Weise, wie wir die Einheit *im Evangelium* vor einer Einheit in Politik, Rasse, Kultur oder Konfession bewahren.

Theologie des kleinsten gemeinsamen Nenners?

Es gibt eine Karikatur des Evangelikalismus, die viele Menschen abschreckt. Darin erscheint der Evangelikalismus als ein gehaltloser und pubertierender Teenager des Christentums: jugendlich, kopflos und ein Sklave jeder Modeerscheinung. Das Problem ist, dass diese Parodie nicht nur in der Phantasie existiert. Vieles, was sich den Namen »evangelikal« zu eigen macht, *ist* historisch und theologisch wurzellos und daher oberflächlich und unbeständig. Aber hat nicht jede Tradition ein seichtes Ende? Karikaturen gibt es von jeder christlichen Tradition, und es ist unfair, eine Bewegung an ihren schlechtesten Ausprägungen zu messen.

Die Behauptung, dass die Beschränkung auf einen kleinsten gemeinsamen Nenner das *logische* Endziel des Evangelikalismus ist, ist schlichtweg falsch.

Der Evangelikalismus führt nicht zwingend zu einer theologischen Oberflächlichkeit, sondern ist ein Weg der *Weisheit* und der *Mäßigung*. Evangelikale behaupten nämlich nicht, dass die wesentlichen Heilswahrheiten des Evangeliums die einzigen Wahrheiten sind, auf die es ankommt, sondern dass das Evangelium allein unser einender Fixpunkt und Anker ist. Wir versuchen, *alles* zu glauben und zu bewahren, was die Bibel lehrt. Schließlich glauben wir an die Vorrangstellung der Heiligen Schrift. Es ist also konsequent, dass wir uns um eine gründlich durchdachte biblische Sicht der Dinge bemühen sollten. Wir glauben jedoch nicht, dass jede Wahrheit gleich wichtig oder gleich heilsrelevant ist. Wir werden nicht durch unser Wissen über nebensächliche Lehren gerettet. Auch sind sie nicht die Grundlage für unsere Einheit. Darum behandeln wir jedes Thema mit der Gewichtung, die uns die Heilige Schrift vorgibt, wobei wir weder die primären Wahrheiten herabsetzen noch die anderen überbewerten.

Oberflächlichkeit ist nicht die natürliche Frucht des Evangelikalismus, sondern seiner Fehlentwicklung. Das wahre Kennzeichen des Evangelikalismus ist das *Urteilsvermögen*. Indem wir am Evangelium festhalten und es an die erste Stelle setzen, lehnen wir alles ab, was dem Evangelium entgegensteht oder sich anmaßt, mit ihm zu konkurrieren

– und dazu gehört auch das Gruppendenken, das Persönlichkeiten, Kultur, Politik oder eine beliebige andere Sache auf die Ebene des Evangeliums hebt. Schließlich wollen Evangelikale vor allem Menschen des Evangeliums sein, nicht Menschen einer bestimmten Gruppierung.

6. Unsere Integrität im Evangelium

Am Ende dieses Buches muss ich die Frage stellen: Ist der heutige Evangelikalismus wirklich evangelikal? Eine Umfrage aus dem Jahr 2020 ergab, dass 30 Prozent der amerikanischen »Evangelikalen« glauben, dass Jesus nicht Gott ist; 65 Prozent glauben, dass er stattdessen der Erste ist, der von Gott geschaffen wurde; 46 Prozent glauben, dass der Heilige Geist eine Kraft und keine Person ist; und obendrein glauben 23 Prozent, dass der Glaube eine Frage persönlicher Präferenz und keine objektive Wahrheit ist.[1] Man könnte über die Aussagekraft solcher Statistiken diskutieren, aber es besteht kein Zweifel daran, dass eine große Zahl von bekennenden »Evangelikalen« nicht wirklich evangelikal ist.

Diese Zahlen werden in Teilen der Welt, in denen der »Evangelikalismus« weniger Teil der Kultur ist, zweifellos niedriger sein. Aber auch dort ist das Bild alles andere als rosig. Aus einem Land nach dem anderen hören wir Berichte über evangelikale Leiter, die Menschen missbrauchen oder selbstsüchtig handeln. Dies sind sicherlich nur die auffälligeren Symptome eines tiefer liegenden Missstandes. Dieselbe geistliche Leere, die zu dramatischen und aufsehenerregenden Glaubensabfällen führt, erstickt auch den aufrichtigen Lobpreis in den Kirchenbänken. Angesichts von Widerständen lässt sie den Mut schwinden. Sie öffnet die Tore für Scharlatane, die falsche Evangelien verbreiten. Sie ermutigt zu einer defensiven Art der Kirchenleitung und zu einem hohlen, pragmatischen Ansatz für das christliche Leben. Mit anderen Worten können Evangelikale sogar dann, wenn sie sich noch zum Glauben an das Evangelium bekennen, dieser Bezeichnung unwürdig sein.

Nein, der heutige Evangelikalismus ist nicht wahrhaftig oder vollständig evangelikal. Im schlimmsten Fall, wenn etwa jemand als »evangelikal« bezeichnet wird, der die Dreieinigkeit Gottes leugnet, ist es schwer zu verstehen, was mit diesem Wort überhaupt gemeint sein soll. Es ist folglich kein Wunder, dass sich viele von dieser Bezeichnung distanzieren. Klar ist auch, dass jeder Evangelikale versagt. Keiner wird der Anforderung, ein Mensch des Evangeliums zu sein, vollkommen gerecht.

Wir sollten nicht versuchen, Ausreden zu finden oder die Probleme zu beschönigen. Wenn wir uns selbst rechtfertigen, läuft das schließlich genau dem Evangelium zuwider, das wir hochhalten. Der evangelikale Ansatz besteht nicht darin, zu dulden oder zu fliehen, sondern Buße zu tun und zu reformieren. Evangelikalismus ist und war als Evangeliums-Bewegung immer eine Erneuerungsbewegung: Wir streben danach, uns selbst und die Kirche um das Evangelium herum zu reformieren (und niemals umgekehrt). Er ist eine Reformationsbewegung, bei der es darum geht, dem Evangelium in Gedanken, Worten und Taten immer näherzukommen. Von dieser Reformation hängt die Zukunft des Evangelikalismus ab.

Die apostolische Herausforderung

Am Ende des ersten Kapitels seines Briefes an die Philipper formuliert Paulus einen *evangelikalen* Aufruf zur beständigen Reformation. Er schreibt vom »Evangelium Christi« und dem »Glauben des Evangeliums« und fordert seine Leser auf, als Menschen des Evangeliums zu leben:

> »Wandelt nur würdig des Evangeliums Christi, damit ich – ob ich komme und euch sehe oder abwesend bin – von euch erfahre, dass ihr in einem Geist steht und einmütig mit uns kämpft für den Glauben des Evangeliums.« (Phil 1,27)

Paulus schrieb dies als Gefangener, der zwischen Leben und Tod hin- und hergerissen war. Für sich selbst wünschte er sich, »aus der Welt zu scheiden und bei Christus zu sein, was auch viel besser wäre« (V. 23), und doch wusste er, dass es nötiger ist, »im Fleisch zu bleiben um euretwillen« (V. 24). Ob er nun lebte oder sterben würde, seine größte Sorge war nicht, was aus ihm würde, sondern was mit dem Evangelium geschieht. Aus dieser Sorge erwächst seine leidenschaftliche, zweifache Bitte: (1) würdig des Evangeliums Christi zu wandeln, und (2) in einem Geist zu stehen sowie einmütig für den Glauben des Evangeliums zu kämpfen. Das ist ein Aufruf mit apostolischer Autorität zu jener Erneuerung, die wir nötig haben.

Des Evangeliums würdig wandeln

»Die evangelikale Identität ist letztlich eine Frage der evangelikalen Integrität«, schreibt Albert Mohler.[2] Ohne eine solche Integrität wird die Welt nur eine Verfälschung des Evangeliums sehen und eine Verzerrung dessen, was es bedeutet, in seinem Licht zu leben. Wenn der Evangelikalismus also eine Zukunft haben soll, die diesen Namen verdient, müssen wir, die wir Menschen des Evangeliums sein wollen, eine Evangeliums-Integrität kultivieren, und zwar nicht nur auf dem Papier. Das bloße Bekenntnis zu einer Formulierung ist nicht genug.

Doch wie sieht evangelikale Integrität aus? Das Thema, dem sich Paulus in Philipper 2,1–11 – nachdem er die Philipper gerade aufgerufen hat, dem Evangelium würdig zu leben – mit einem verbindenden »nun« zuwendet, ist bezeichnend:

> »Ist nun bei euch Ermahnung in Christus, ist Trost der Liebe, ist Gemeinschaft des Geistes, ist herzliche Liebe und Barmherzigkeit, so macht meine Freude dadurch vollkommen, dass ihr eines Sinnes seid, gleiche Liebe habt, einmütig und einträchtig seid. Tut nichts aus Eigennutz oder um eitler Ehre willen, sondern in Demut achte einer den andern

> höher als sich selbst, und ein jeder sehe nicht auf das Seine, sondern auch auf das, was dem andern dient. Seid so unter euch gesinnt, wie es der Gemeinschaft in Christus Jesus entspricht: Er, der in göttlicher Gestalt war, hielt es nicht für einen Raub, Gott gleich zu sein, sondern entäußerte sich selbst und nahm Knechtsgestalt an, ward den Menschen gleich und der Erscheinung nach als Mensch erkannt. Er erniedrigte sich selbst und ward gehorsam bis zum Tode, ja zum Tode am Kreuz. Darum hat ihn auch Gott erhöht und hat ihm den Namen gegeben, der über alle Namen ist, dass in dem Namen Jesu sich beugen sollen aller derer Knie, die im Himmel und auf Erden und unter der Erde sind, und alle Zungen bekennen sollen, dass Jesus Christus der Herr ist, zur Ehre Gottes, des Vaters.«

Ich behaupte, dass das Herzstück evangelikaler Integrität die Demut ist. Diese Behauptung mag lächerlich erscheinen angesichts der Lagerbildung und Hybris, die dem Ruf des Evangelikalismus geschadet haben. In der Tat gibt es etwas am Evangelikalismus, das ihn zu einem fruchtbaren Boden für Stolz machen kann. Evangelikale sind Menschen des Wortes, und so haben wir das Lernen im Blut. Lernen fördert jedoch häufig die Arroganz. Hinzu kommt unsere Überzeugung, dass wir die Wahrheit haben – eine Überzeugung, die in eine pharisäische Pingeligkeit umschlagen kann, die viele dazu bringt, woanders Zuflucht zu suchen. John Stott vertrat die Ansicht, dass »die erste Eigenschaft, die der evangelikale Glaube hervorbringt (oder hervorbringen sollte), Demut ist«. Dennoch räumte er ein: »Evangelikale Menschen werden oft als stolz, eitel, arrogant und überheblich angesehen.«[3]

Aber welche Auswirkungen sollte das Evangelium auf uns haben? »Er muss wachsen, ich aber muss abnehmen« (Joh 3,30). Im Evangelium wird die Herrlichkeit des lebendigen, dreieinigen Gottes offenbart, und in seinem Licht werden wir – Geschöpfe und Sünder – als die armseligen Gestalten entlarvt, die wir sind. Je mehr wir vom Evangelium erkennen, desto mehr werden die drei Personen der Dreieinigkeit (und ihr Werk der Offenbarung, der Erlösung und der Wiedergeburt) verherrlicht, und desto mehr nehmen wir ab. Durch das Evangelium wird uns bewusst, dass wir ohne Gottes Offenbarung in der Dunkelheit der Unwissenheit tappen. Ohne die Erlösung durch den Sohn sind wir in unserer Schuld und Entfremdung von Gott völlig verloren. Ohne das Werk der Wiedergeburt durch den Geist sind wir hilflos in unserer Sünde gefangen. Im Evangelium wird Gott erhöht, und wir haben Freude daran, uns vor ihm zu demütigen. Erst wenn er erhöht ist, werden die Menschen zu ihm hingezogen (vgl. Joh 12,32).

Die Zeiten der Reformation und Erneuerung der Kirche waren schon immer von dieser Perspektive geprägt. Ein neuer Blick auf die Herrlichkeit und Gnade Gottes lässt die Menschen erkennen, wer er ist und wer sie sind. Anders, als sie früher dachten, erkennen sie dann, dass er groß, herrlich und schön ist in seiner Heiligkeit – und dass sie es nicht sind. Bei der Verkündigung des Evangeliums und der Erhöhung Christi geht es ihnen wie Jesaja, dessen Anblick des Herrn in der Herrlichkeit, hoch und erhaben, ihn rufen ließ: »Weh mir, ich vergehe! Denn ich bin unreiner Lippen und wohne unter einem Volk von unreinen Lippen; denn ich habe den König, den Herrn Zebaoth, gesehen mit meinen Augen« (Jes 6,5). Andere »Evangelien«, in denen die Sünde ein kleines Problem und Christus daher ein kleiner Retter (oder Gehilfe) ist, haben niemals diese Wirkung.

Dieser Anblick Gottes in seiner Herrlichkeit – jetzt im Glauben, aber eines Tages von Angesicht zu Angesicht – ist das, wofür wir geschaffen sind. Durch diesen wunderbaren Anblick werden wir nicht nur in sein Bild verwandelt, sondern werden auch völlig lebendig und ganz Mensch (vgl. 2 Kor 3,18). Die Demut, die wir am Fuße des Evangeliums lernen, indem wir uns Christi und nicht unserer selbst rühmen, erweist sich daher als die Quelle des gesunden Evangelikalismus. Wenn uns die Augen für die Liebe Gottes zu uns Sündern geöffnet werden, lassen wir unsere Masken fallen. Als Sünder angeklagt und doch gerechtfertigt, können wir ehrlich über uns selbst sein. Geliebt trotz unserer Unliebenswürdigkeit, beginnen wir zu lieben. Weil uns Frieden mit Gott geschenkt wurde, beginnen wir, inneren Frieden und Freude zu erfahren. Weil uns die alles überragende Herrlichkeit Gottes gezeigt wird, werden wir widerstandsfähiger und stehen zitternd und gleichzeitig staunend vor Gott und nicht vor Menschen.

Dies war die evangelikale Verwandlung, die Martin Luther durch das Evangelium erfuhr. Luther beschrieb sich selbst oft als einen ängstlichen jungen Mann, der so sehr mit sich selbst beschäftigt war, dass ihm alles Angst machte. Selbst das Rascheln eines Blattes im Wind konnte ihn in die Flucht schlagen (vgl. 3 Mose 26,36). Das änderte sich durch seine Begegnung mit dem Evangelium Christi, wie Roland Bainton in den großartigen Schlussworten seiner Biographie berichtet:

> »Der Gott Luthers wie auch der Gott Moses war der Gott, der in den Gewitterwolken wohnt und auf den Flügeln des Windes reitet. Bei seinem Kopfnicken erzittert die Erde, und die Menschen sind vor ihm wie ein Tropfen auf den heißen Stein. Er ist ein Gott voller Majestät und Macht, unergründlich, furchterregend, verheerend und verzehrend in seinem Zorn. Doch der Allmächtige ist auch der Allbarmherzige. ›Wie sich ein Vater über Kinder erbarmt, so erbarmt sich der HERR …‹ Aber woher sollen wir das wissen? In Christus, nur in Christus. In dem Herrn des Lebens, der im Elend eines Kuhstalls geboren wurde und als Übeltäter unter der Verachtung und dem Spott der Menschen starb, der zu Gott schrie und als Antwort nur das Beben der Erde und die Verfinsterung der Sonne erhielt, der selbst von Gott verlassen ward, und in jener Stunde unsere Schuld auf sich nahm und vernichtete, die Heerscharen der Hölle zertrat und im Zorn des Schrecklichen die Liebe offenbarte, die uns nicht loslässt.«[4]

Bainton kommt zu dem Schluss, dass dies die Folge war:

> »Luther zitterte nicht mehr beim bloßen Rascheln eines Blattes im Wind, und statt die heilige Anna anzurufen, konnte er sich nun dazu entscheiden, über das stürmische Gewitter, über den Donner und die Blitze zu lachen. Das war es, was ihn befähigte, Worte wie diese auszusprechen: ›Hier stehe ich, ich kann nicht anders, Gott helfe mir, Amen.‹«[5]

Die evangelikale Demut, die Luther angesichts der Herrlichkeit und Barmherzigkeit Gottes fand, war nicht trübselig oder ängstlich, verzagt oder matt. Sie war energisch, freudig und tapfer.

Das ist der Stempel der Demut, die im Evangelium zu finden ist, und der Ausdruck evangelikaler Integrität. Es ist die Haltung eines Menschen, der vom Evangelium erquickt wurde. Evangelikale, die von der Erhabenheit Gottes fasziniert sind, werden sich nicht so leicht zu einer auf den Menschen ausgerichteten therapeutischen Religion hingezogen fühlen. Unter dem Glanz seiner Herrlichkeit werden sie nicht ihre eigenen kleinen Reiche errichten wollen. Ihre bescheidenen Errungenschaften werden ihnen unbedeutend erscheinen, und ihre Streitereien und eigenen Agenden abstoßend auf sie wirken. Gott wird in ihrem Denken die Hauptrolle spielen und ihnen den Mut geben, Gott und nicht den Menschen zu gefallen. Sie werden nicht zögerlich oder zaudernd mit dem Evangelium sein. Stattdessen werden sie im Bewusstsein ihrer Erlösung seine Sanftmut und Milde weitergeben und das geknickte Rohr nicht zerbrechen. Sie werden schnell bereit sein zu dienen, zu segnen, zu bereuen und über sich selbst zu lachen, denn ihr Ruhm gilt nicht ihnen selbst, sondern Christus. Diese Integrität wird dadurch erreicht, dass Christus in seinem Evangelium hochgehalten wird.

Der Evangelikalismus hat viel Heilung nötig, aber er braucht kein anderes Heilmittel als das Evangelium selbst. Er hat nur Integrität nötig.

Einmütig für den Glauben des Evangeliums kämpfen.

Diese Integrität ist die wesentliche Voraussetzung, um dem zweiten Teil der Aufforderung von Paulus in Philipper 1,27 zu folgen, in einem Geist zu stehen und einmütig für den Glauben des Evangeliums zu kämpfen. Beachte die Argumentation von Paulus:

> »Wandelt nur würdig des Evangeliums Christi, damit ich – ob ich komme und euch sehe oder abwesend bin – von euch erfahre, dass ihr in einem Geist steht und einmütig mit uns kämpft für den Glauben des Evangeliums.« (Phil 1,27)

Paulus möchte die Einheit im Evangelium oder die gemeinsame Treue sehen, aber wahre Einheit und Treue sind

Ausdruck der Integrität in Bezug auf das Evangelium. Einheit und Treue kann nur durch das Werk des Evangeliums erreicht werden, wenn der Menschensohn erhöht wird und die Menschen zu sich zieht.

Die Sorge von Paulus um die Einheit der Christen zieht sich wie ein roter Faden durch den Philipperbrief. Er möchte,

> »dass ihr eines Sinnes seid, gleiche Liebe habt, einmütig und einträchtig seid. Tut nichts aus Eigennutz oder um eitler Ehre willen, sondern in Demut achte einer den andern höher als sich selbst, und ein jeder sehe nicht auf das Seine, sondern auch auf das, was dem andern dient.« (Phil 2,2–4)

Der Puritaner Richard Sibbes schrieb, dass Paulus im Grunde sagt: »›Falls du nicht jeglichen Trost von Christus ablehnst, sei bemüht darum, die »Einheit des Geistes zu bewahren durch das Band des Friedens«.‹ Welch freudiges Ereignis ist es doch für Satan und sein Lager, diejenigen zu sehen, die von der Welt getrennt sind, wie sie sich selbst zerfleischen! Unsere Disharmonie ist die Melodie unseres Feindes.«[6] Zwietracht ist teuflisch; Einheit hingegen ist ein Zeichen dafür, dass das Evangelium gute Wurzeln schlägt. Menschen des Evangeliums müssen daher bestrebt sein, in einem Geist zu stehen und einmütig zu sein.

Kein noch so mitreißender Appell zur Einheit wird die Einheit jedoch selbst herbeiführen. Dafür ist ein Werk in den

Tiefen unseres Seins nötig. Unser teuflischer Stolz muss behandelt werden, bevor unsere teuflische Zwietracht verschwindet. Deshalb ruft Paulus die Philipper auf, die Gesinnung Christi zu haben – jene unverzichtbare Demut, die das Evangelium schenkt. Demut ist der einzige Boden, auf dem wahre Einheit wachsen kann. Nur wenn Christus uns wertvoller ist als unser eigener Ruf, werden wir unsere kleinlichen Rivalitäten und persönlichen Agenden aufgeben. Nur wenn seine Herrlichkeit alles andere in den Schatten stellt, werden wir für seine Sache leben und für keine andere. Die Einheit, die wir brauchen, wird die Frucht einer erneuerten Haltung der Demut angesichts der Herrlichkeit Christi sein.

Die Einheit, die Paulus sich wünscht, bedeutet nicht Übereinstimmung in jedem Detail. Sie ist auch keine Einheit um jeden Preis. Ganz gewiss ist sie keine Einheit um den Preis der Klarheit des Evangeliums. Sie kämpft einmütig *für den Glauben des Evangeliums*. Es handelt sich um eine *gemeinsame* Treue. Aus Paulus' Worten geht auch hervor, dass diese Treue, die er sich von den Christen wünscht, eine gewisse Widerstandsfähigkeit beinhaltet. Wenn wir Seite an Seite für das Evangelium kämpfen, werden wir auf Widerstand stoßen. Wir sollten damit rechnen, zu leiden. Wir sollten erwarten, verleumdet und diffamiert zu werden, womöglich ins Gefängnis zu kommen, vielleicht sogar getötet zu werden. Wenn er uns also aufruft, »einmütig … für den Glauben des Evangeliums« zu kämpfen (Phil 1,27), fügt er sofort hinzu:

> »und euch in keinem Stück erschrecken lasst von den Widersachern, was ihnen ein Anzeichen der Verdammnis ist, euch aber der Seligkeit, und das von Gott. Denn euch ist es gegeben um Christi willen, nicht allein an ihn zu glauben, sondern auch um seinetwillen zu leiden, habt ihr doch denselben Kampf, den ihr an mir gesehen habt und nun von mir hört.« (Phil 1,28–30)

Das ist bestimmt der Wunsch eines jeden gesunden Evangelikalen: dass das Volk des Evangeliums in seinem Engagement für das Evangelium vereint ist. Dass *sowohl* dem streitsüchtigen Gruppendenken, das andere Themen auf die Ebene des Evangeliums hebt, *als auch* dem Verrat, der die wesentlichen Wahrheiten des Glaubens aufgibt, ein Ende gesetzt wird. Dass Evangelikale gemeinsam zur absoluten Autorität und Vertrauenswürdigkeit der Offenbarung Gottes stehen, die den einen wahren Gott, die Vollständigkeit und Hinlänglichkeit der Erlösung durch Christus und die Notwendigkeit und Bedeutung der Wiedergeburt durch den Geist verkündet.

Woher kommt eine solche geschlossene und unerschütterliche Treue? Paulus scheint hier klar zu sein: »Ist nun bei euch Ermahnung in Christus, ist Trost der Liebe, ist Gemeinschaft des Geistes, ist herzliche Liebe und Barmherzigkeit« (Phil 2,1). Die Bereitschaft, dem Evangelium treu zu sein, sogar bis hin zum Leiden für das Evangelium, kann nur aus dem Evangelium selbst kommen. Nur in Christus finden wir sowohl Mut als auch Trost. Erst wenn er in unseren Augen erhaben und verherrlicht ist, sind wir bereit, ihm durch Prüfungen zu folgen und entgegen aller Widerstände für ihn einzutreten. Anders ausgedrückt werden wir eine größere einheitliche Loyalität gegenüber dem Evangelium erleben, wenn wir eine erneuerte, tiefergehende Klarheit über das Evangelium haben. Das ist die große Not unserer Zeit.

Während wir über unsere Einheit im Evangelium nachdenken, lohnt es sich, auf die Kritik einzugehen, dass Evangelikale nicht in Einheit mit der historischen Kirche durch die Jahrhunderte hinweg verbunden wären. Ich habe behauptet, dass das ungerecht ist: Evangelikalismus ist historisches, nicht eigenbrötlerisches, sondern katholisches Christentum. Der moderne Evangelikalismus hat jedoch oft einen nicht-evangelikalen Individualismus an den Tag gelegt, der sich nicht um unsere Evangeliums-Einheit mit den Glaubensbekenntnissen oder mit großen Theologen wie Athanasius, Luther und Edwards gekümmert hat. Es geht nicht darum, dass wir die Heilige Schrift jemals durch sie als unsere höchste Autorität ersetzen sollten. Niemals! Es wäre jedoch ausgesprochen töricht, sie zu ignorieren und ihre Weisheit nicht zu beherzigen. Ohne ihre Einsichten in die Schrift im Gedächtnis zu haben, werden wir viel leichter von unserer Kultur beeinflusst sein, »ohne zu wissen, wie wechselhaft unsere Überzeugungen sind«[7]. Ohne ein ausgeprägtes Bewusstsein dafür, wo die Kirche schon immer gestanden hat, wird es viel schwieriger sein, die Launen unserer Zeit zu erkennen – und wie wir ihnen erliegen könnten. »Wenn wir ignorieren, was der Großteil der Kirche im Laufe der Geschichte gesagt hat, dann verhalten wir uns genauso spalterisch, als würden wir die weltweite Kirche heute ignorieren.«[8] Wahre Einheit im Evangelium muss die Einheit mit dem evangelikalen Denken im Laufe der Geschichte mit einschließen. So gab C. S. Lewis den weisen Rat (obschon er die Bezeichnung »evangelikal« nicht für sich beanspruchte):

> »Es ist eine gute Regel, sich nach der Lektüre eines neuen Buches erst dann wieder ein neues zu erlauben, wenn man ein altes dazwischen gelesen hat. Wenn Ihnen das zu viel ist, sollten Sie zumindest ein altes Buch auf drei neue Bücher lesen … Nicht, weil die Vergangenheit etwas Magisches an sich hätte. Die Menschen waren damals nicht klüger als heute; sie haben genauso viele Fehler gemacht wie wir. Aber nicht die gleichen Fehler. Sie werden uns nicht in den Irrtümern schmeicheln, die wir bereits begehen; und ihre eigenen Irrtümer, die jetzt offen und offensichtlich sind, werden uns nicht gefährden. Zwei Köpfe sind besser als einer, nicht weil einer von ihnen unfehlbar ist, sondern weil es unwahrscheinlich ist, dass sie sich in dieselbe Richtung irren. Sicherlich wären die Bücher der Zukunft ein ebenso gutes Korrektiv wie die Bücher der Vergangenheit, aber leider kommen wir nicht an sie heran.«[9]

Eigendiagnose

Es ist nur allzu leicht, uns selbst zu täuschen. Wenn wir uns nicht darüber im Klaren sind, welche Wahrheiten für das Evangelium wesentlich sind, können wir nur vage von »dem Evangelium« sprechen und uns einbilden, es treu zu verkünden und zu glauben. Oder wir können das Evangelium voraussetzen und davon ausgehen, dass kurze Hinweise darauf ausreichen, so als ob alle in unserer Gemeinde bereits gut unterrichtet wären und nichts mehr nötig hätten. Wir können reaktiv sein und uns mehr von Modeerscheinungen, der Kultur oder Bedrohungen gegen das Evangelium leiten lassen als vom Evangelium selbst (wovon der evangelikale, antiintellektuelle Biblizismus ein Zeuge ist). Prediger können sich einbilden, dass sie biblisch ausgewogen lehren, nur weil sie immer die Heilige Schrift auslegen, ohne zu sehen, dass Theologie und Persönlichkeit sie dazu veranlassen, bestimmte Themen zu beachten und aufzugreifen, während sie andere übersehen. Martyn Lloyd-Jones sagte einmal:

> »Im Laufe der Jahre habe ich festgestellt, dass Kirchenmitglieder nur sehr, sehr langsam merken, wenn von der Wahrheit abgewichen wird. Ich bin zu dem Schluss gekommen, dass der beste Test, um festzustellen, ob ein Prediger evangelikal ist oder nicht, wohl darin besteht, darauf zu achten, was er nicht sagt! Ich habe so oft erlebt, dass Menschen einem Mann zugehört haben und von ihm mitgerissen wurden und dachten, alles sei wunderbar,

> weil er nichts Falsches gesagt hat, und sie hatten mit ihrer Beobachtung völlig recht. Der Mann hatte nichts Falsches gesagt, aber der Punkt war, dass er bestimmte Dinge nicht gesagt hatte, die ein Evangelikaler immer sagen muss; er hatte sie ausgelassen.«[10]

Genauso gefährlich wie diese Subtraktion vom Evangelium ist die Addition zum Evangelium. Auch das ist oft schwer zu bemerken und auf den Punkt zu bringen. Wir können eine politische Agenda oder eine kulturelle Annahme an den Platz erheben, den nur das Evangelium einnehmen sollte; und dieser Götzendienst kann von allen um uns herum unbemerkt bleiben, weil sie schlichtweg die gleichen Annahmen wie wir haben.

Um dem Evangelium treu zu sein, müssen wir alles lehren, was die Heilige Schrift lehrt, und zwar mit der Gewichtung und dem Ton, den die Heilige Schrift vorgibt. Eine einseitige oder eingeschränkte Treue gibt es nicht. Können wir den Gradmesser von Lloyd-Jones also auf uns selbst anwenden, um unsere Treue zu diagnostizieren? Wenn wir andere lehren, gibt es dann einen Gesundheitscheck, der uns vor einseitigen Steckenpferden und einer Verkürzung des Evangeliums schützt und sicherstellt, dass wir unseren Leuten eine ausgewogene und vollständige evangelikale theologische Ernährung bieten?

Das folgende Diagramm fasst alle theologischen Grundlagen zusammen, die wir betrachtet haben. Es ist natürlich keine umfassende systematische Theologie.

Evangelikale halten an *allem* fest, was die Heilige Schrift lehrt, während hier lediglich versucht wird, die erstrangigen Themen des Evangeliums darzulegen. Dies sind nicht unsere einzigen Anliegen; vielmehr ist, wie J. C. Ryle es ausdrückte,

> »die Stellung, die wir diesen Punkten zuweisen, eines der großen Merkmale der evangelikalen Theologie. Wir sagen kühn, dass sie das Erste, das Wichtigste und das Wesentliche im Christentum sind, und dass die mangelnde Beachtung ihrer Stellung die Lehre vieler wohlmeinender Kirchenmänner trübt und verdirbt.«[11]

Weil Lehren nie für sich allein stehen, sind sie alle miteinander verbunden. Jede Lehre hat mit anderen Lehren zu tun. So setzt zum Beispiel der Begriff der Erlösung selbst Gottes guten Schöpfungsakt und dessen Zerstörung durch den Sündenfall voraus. Ebenso ist es unmöglich, die Wiedergeburt getreu zu lehren, ohne unsere Hilflosigkeit in der Sünde und damit unser *Bedürfnis* nach einer Wiedergeburt aufzuzeigen. Obwohl es sich hierbei um grundlegende Wahrheiten des Evangeliums handelt, ist es nicht so einfach, dass wir sie alle auf die gleiche Weise behandeln könnten.

Die Schrift etwa ist kein Selbstzweck, sondern legt Zeugnis von Christus ab.

Schau dir das Diagramm mit diesen Anmerkungen im Hinterkopf an und frag dich selbst:

- Sind hier Wahrheiten zu finden, die du unbewusst verdrängt hast?
- Falls du andere lehrst, welche dieser Wahrheiten hast du in den vergangenen drei Jahren

nicht nur gestreift oder angedeutet, sondern gelehrt und dargelegt?

- Gibt es sekundäre, kulturelle oder politische Angelegenheiten, die du dem Kreis hinzugefügt hast?
- Weil konsequente Evangelikale ihre Theologie auch anwenden müssen, frage ich dich: Findest du hier Wahrheiten aufgelistet, die deinen Charakter, dein Leben und deinen Dienst noch nicht beeinflusst haben? Welche Wahrheiten hast du heruntergespielt? Welche sind dir gegen den Strich gegangen? Gegen welche hast du dich gewehrt? Welche sind noch nicht in deinem Herz angekommen?

Was ist schon ein Name?

Ich interessiere mich in erster Linie nicht für die Bezeichnung *evangelikal*. Ich möchte vielmehr, dass Menschen des Evangeliums mit Integrität als Menschen des Evangeliums leben und sterben. Dennoch prägen die Bezeichnungen, die wir verwenden, die Wahrnehmung. Deshalb müssen wir fragen: Was ist mit der Bezeichnung? Ist sie zu verworren oder zu vage, um überhaupt noch verwendet werden zu können?

Natürlich müssen wir das Wort *evangelikal* mit Bedacht verwenden. Das Wort hat in verschiedenen Teilen der Welt unterschiedliche Nuancen angenommen, und wir müssen klug und sensibel für das jeweilige Umfeld sein, um Missverständnisse zu vermeiden. An manchen Orten könnte etwa eine Gemeinde, die das Wort in ihrem Namen trägt, einen falschen Eindruck erwecken.

Ich habe jedoch den Verdacht, dass die größere Gefahr in der entgegengesetzten Richtung liegt: dass wir die Bezeichnung zu leichtfertig aufgeben, so als wäre sie völlig unbedeutend. Wenn Schwierigkeiten auftauchen, ist es kurzfristig einfacher, ein belastetes Etikett loszuwerden, weil man denkt, dass ein anderes genauso gut ist. Das Problem dabei ist, dass sich der nächste Name, den wir annehmen, sehr schnell abnützen kann – noch schneller sogar, wenn der neue Name keine historischen Wurzeln hat. Wenn wir uns dann alle zehn Jahre einen neuen Namen geben, wird der Gedanke, dass wir den historischen, katholischen Glauben repräsentieren, lächerlich.

Das Wort *evangelikal* hat nicht umsonst eine jahrhundertealte Geschichte. Es mag an *manchen Orten* etwas von seinem Wert verloren haben, aber dieser kann zurückgewonnen werden. Und wohin können wir als Menschen des Evangeliums sonst gehen? Es gibt wirklich keine akzeptable und praktikable Alternative, die auch nur annähernd das historische Gewicht oder die beschreibende Einfachheit hat. Wie Albert Mohler sagt: »Man hat immer wieder versucht, den Begriff *evangelikal* durch einen brauchbareren zu ersetzen, aber solche Bemühungen waren wenig erfolgreich. Der Grund dafür ist ganz einfach: Das Wort erreicht wirklich das, was es beabsichtigt. Das Wort identifiziert diejenigen, deren primäre Identität darin besteht, ein Volk des Evangeliums zu sein.«[12]

Namen sind wichtig. Die Zukunft der Evangelikalen hängt jedoch nicht davon ab, wie wir genannt werden. Der Evangelikalismus wird überall dort stark sein, wo Gläubige Schulter an Schulter für den Glauben kämpfen, der ein für alle Mal den Heiligen anvertraut ist. Er wird dort gedeihen, wo die Menschen des Evangeliums Integrität gegenüber dem Evangelium wahren.

Anhang 1
Kann der Evangelikalismus definiert werden?

Lässt sich Evangelikalismus definieren, oder ist er so formbar und so wenig konstant, dass er sich ständig seinem Umfeld anpasst und sich je nach Zeit und Ort verändert? Das zumindest ist der Vorwurf von D. G. Hart. »Der Evangelikalismus«, schreibt er, »muss als religiöse Identität aufgegeben werden, weil es ihn nicht gibt. Tatsächlich ist er ein bloßes Abbild des amerikanischen Protestantismus des zwanzigsten Jahrhunderts.«[1] (In den Ohren nicht-amerikanischer Evangelikaler dürfte das recht seltsam klingen.) Mit diesem Vorwurf steht Hart nicht allein da. Man denke nur an den Spruch, dass ein Evangelikaler nur jemand ist, der Billy Graham gern hat. Oder erinnern wir uns an Papst Franziskus: Kurz nach seiner Ernennung zum Papst nannten ihn die Medien wegen seiner scheinbaren Christuszentriertheit den »evangelikalen Papst«.[2] Einige sahen darin den Beweis, dass der Evangelikalismus endgültig seine Grenzen verloren habe, wenn sogar der Papst in seine Reihen aufgenommen werden konnte.

Diese Schlussfolgerung ist jedoch nicht gerechtfertigt. Papst Franziskus als »evangelikalen Papst« zu bezeichnen, sagt nichts weiter aus, als dass der Papst von den Medien wahrgenommen wurde als einer, der in eine bestimmte – und *erkennbar evangelikale* – theologische Richtung tendiere. (Ob dem tatsächlich so ist, ist natürlich eine ganz andere Frage.) Das Beispiel von Papst Franziskus scheint eher auf eine weit verbreitete Voreingenommenheit vonseiten derer hinzudeuten, die mit dem Evangelikalismus unzufrieden sind – auf ihren Wunsch, eine inhärente Formlosigkeit des Evangelikalismus zu beweisen.

»Ich weiß, was einen Evangelikalen früher ausmachte«, schrieb Lord Shaftesbury im späten 19. Jahrhundert. »Ich habe allerdings keine klare Vorstellung davon, was ihn heute ausmacht.«[3] Bedenkt man, dass Shaftesbury dies vor 200 Jahren geschrieben hat, könnte man das als Hinweis darauf deuten, dass seither eine anhaltende Verwirrung darüber besteht, was einen Evangelikalen ausmacht. Was Shaftesbury jedoch meinte, war schlichtweg, dass Verwirrung dort Einzug gehalten habe, wo einst Klarheit herrschte. Und so ist es auch heute: In Europa, in Amerika und anderswo herrscht große Verwirrung darüber, was es bedeutet, evangelikal zu sein, und der Begriff wird häufig falsch verwendet. Aus historischen Gründen ist zum Beispiel der deutsche Begriff *evangelisch* (und der schwedische Begriff *evangelisk*) vergleichbar mit dem, was man im Englischen als »lutherisch« bezeichnet. Aber nichts von dieser Verwirrung bedeutet, dass es unmöglich ist, Klarheit zu schaffen. Auch sollte der falsche Gebrauch den richtigen Gebrauch nicht verhindern.

Die heute gebräuchlichste »Definition« des Evangelikalismus – und diejenige, die zum Maßstab für alle Diskussionen über dieses Thema geworden ist – ist jene von David Bebbington. Es gibt, schrieb er,

> »vier Eigenschaften, die die evangelikale Religion besonders auszeichnen: Bekehrung, die Überzeugung, dass Leben verändert werden muss; Aktivismus, der Ausdruck des Evangeliums in entsprechendem Einsatz; Biblizismus, eine besondere Wertschätzung der Bibel; und das, was man als Kreuzeszentrismus bezeichnen könnte, eine Betonung des Opfers Christi am Kreuz.«[4]

Diese Beschreibung mag so komplex klingen, dass nur wenige Evangelikale ihr auf Anhieb zustimmen, aber sie zeigt zutreffend: Der Evangelikalismus »hat einen gemeinsamen Kern, der über die Jahrhunderte hinweg bemerkenswert konstant geblieben ist«[5]. Das zu zeigen, scheint sogar Bebbingtons Hauptziel gewesen zu sein: Als Historiker suchte er nach gemeinsamen Merkmalen oder Ähnlichkeiten unter Evangelikalen. Sein Ziel war es *nicht*, eine »Definition« des Evangelikalismus zu liefern. Dennoch wurden seine Worte schnell als Definition *verstanden*, und *als Definition* sind sie problematisch. Wenn man sie als umfassende Definition liest, besteht die Gefahr, dass der Evangelikalismus als sektiererisch erscheint, weil scheinbar willkürliche Schwerpunkte gewählt und so zentrale Lehren wie die Trinität und die Person Christi ausgelassen werden. Als Definition gelesen, ist Bebbingtons Beschreibung außerdem vage und daher nicht hilfreich. Welcher Papst aus vorreformatorischer Zeit wäre dabei denn ausgeschlossen? Die Bedeutung von »Leben verändern«, »das Evangelium im Einsatz«, »eine besondere Wertschätzung der Bibel« und »eine Betonung des Opfers Christi« ist so weit gefasst, dass viele Katholiken – und sogar Zeugen Jehovas – sich ebenso als »evangelikal« bezeichnen könnten, was sie tatsächlich sogar getan haben.[6]

Das eigentliche Problem bei der Verwendung von Bebbingtons Worten als Definition liegt wohl darin, dass es sich um eine *beschreibende* Analyse eines Historikers handelt. Das bedeutet, dass sie zu beschreiben versucht, was man in der Realität unter denjenigen sieht, die sich als evangelikal bezeichnen. Für einen Historiker, der versucht, die historischen Merkmale einer Tradition zu verstehen, ist das ein durchaus richtiges Vorgehen, aber wir sollten eine christliche Tradition – *egal welche* – nicht auf diese Weise *definieren*. Wir können zum Beispiel unser Verständnis davon, was es bedeutet, reformiert zu sein, auch nicht einfach darauf aufbauen, dass wir uns alles anschauen, was sich reformiert nennt. Genau das wird aber in Bezug auf den Evangelikalismus getan, und dieser Versuch, den Evangelikalismus soziologisch zu definieren, ist genau das Problem, das den Kern der heutigen evangelikalen Identitätskrise bildet.[7] Wenn »Evangelikalismus« lediglich eine soziologische Kategorie ist und nichts anderes bedeutet als die gemeinsamen Merkmale aller, die diese Bezeichnung verwenden, dann ist der Evangelikalismus natürlich eine oberflächliche Sache. Wenn die »evangelikale« Theologie so gedehnt wird, dass sie zu allem passt, was sich evangelikal nennt, dann ist sie nicht das Produkt von historischen und biblischen Lehren, sondern von jener Theologie, die gerade *en vogue* ist. Der »Evangelikalismus« *müsste* dann zwangsläufig leer und unbeständig sein. Eine soziologische Definition des Evangelikalismus führt diesen geradewegs dahinein, was Francis Schaeffer als »die evangelikale Katastrophe« bezeichnete: »das Versagen der evangelikalen Welt, für die Wahrheit als Wahrheit einzutreten. Für dieses Verhalten gibt es nur eine Bezeichnung – nämlich Anpassung: die Evangelikalen haben sich dem Zeitgeist unserer Tage angepasst«.[8]

Der *Evangel*ikalismus muss theologisch und mithilfe des *Evangel*iums definiert werden. Eine ganze Reihe von evangelikalen Leitern hat große Sorgfalt darauf verwendet, den Evangelikalismus theologisch zu definieren.[9] Die Einmütigkeit ihrer Stimmen ist dabei auffallend. Einige wurden bereits in diesem Buch erwähnt, aber es seien an dieser Stelle drei relativ neue Definitionen zum Vergleich vollständig aufgeführt.

George Marsden argumentiert, dass Evangelikale diejenigen sind, die an folgenden Dingen festhalten:

1. Die reformatorische Lehre von der absoluten Autorität der Heiligen Schrift
2. Der reale, geschichtliche Charakter des in der Heiligen Schrift aufgezeichneten Heilswerkes Gottes
3. Die ewige Erlösung nur durch persönliches Vertrauen in Christus
4. Die Bedeutung von Evangelisation und Mission
5. Die Bedeutung eines geistlich veränderten Lebens[10]

Marsdens Definition ähnelt auffallend der von J. I. Packer, was zeigt, wie groß der Konsens über den Evangelikalismus unter evangelikalen Theologen ist. Packer hat einmal folgende sechs Merkmale evangelikalen Glaubens aufgelistet:

1. Die Vorrangstellung der Heiligen Schrift
2. Die Majestät von Jesus Christus
3. Die Herrschaft des Heiligen Geistes
4. Die Notwendigkeit der Bekehrung
5. Die Priorität der Evangelisation
6. Die Bedeutung der Gemeinschaft[11]

An anderer Stelle ergänzt er ein weiteres »Kennzeichen der weltweiten evangelikalen Gemeinschaft«:

7. Stellvertretende Sühne[12]

Es mag auf den ersten Blick so scheinen, als ob diese sieben Merkmale die Charakterisierung des Evangelikalismus unnötig verkomplizieren, wo wir doch zu Beginn des Buches nur von einem Materialprinzip (das Evangelium) und einem Formalprinzip (die Wahrheit und die Vorrangstellung der Heiligen Schrift) gesprochen haben (vgl. Kap. 1). Packers Liste hat jedoch etwas Überzeugendes: Die ersten drei Kennzeichen sind eindeutig theologischer Natur, die nächsten drei sind die praktische Umsetzung dieser Theologie (während das siebte Merkmal, so könnte man argumentieren, eigentlich nur eine Ausführung des zweiten ist). Die Liste verdeutlicht, dass sich die *praktischen* Anliegen des Evangelikalismus aus den *theologischen* Überzeugungen ergeben. Mit anderen Worten agieren Evangelikale nicht auf Basis kultureller oder politischer Neigungen, sondern aus theologischen, biblischen Überzeugungen.

Noch wichtiger ist, dass die ersten drei theologischen Merkmale Packers *trinitarisch* sind. Sie zeigen, dass Evangelikale das Evangelium nicht von dem Gott des Evangeliums trennen.

John Stott vertrat die Ansicht, dass diese trinitarische, theologiegeleitete Beschreibung des Evangelikalismus noch klarer und einfacher formuliert werden könne. Er änderte daher Packers Liste und brachte alles – das Theologische und das Praktische – unter drei wesentlichen Merkmalen zusammen:

1. Bibel: die Offenbarung Gottes des Vaters
2. Kreuz: die Erlösung Gottes des Sohnes
3. Geist: das Werk Gottes des Geistes[13]

Hier werden die evangelikalen Schwerpunkte der Bekehrung, der Evangelisation und der Gemeinschaft (die auch Marsden hervorhob) deutlich gemacht, und zwar nicht als Ergänzung der Theologie, sondern als deren Erweiterung und Anwendung. Es ist nicht so, dass Stott alles plump in drei Teile gezwängt hat, nur um trinitarisch zu wirken. Vielmehr erkannte er, dass es für Evangelikale wichtig ist, darüber klar zu sein, welchen Gott sie anbeten (um nicht mit Gruppen wie den Zeugen Jehovas verwechselt zu werden). Es ist für sie ebenso wichtig, zu unterstreichen, dass sich ihre Theologie aus der Heiligen Schrift ableitet. Zuletzt müssen sie sich auch über *zwei* Dinge im Zusammenhang mit dem Evangelium im Klaren sein: das einzigartige Erlösungswerk Christi und das fortwährende, verändernde Wirken des Heiligen Geistes.

Anhang 2
Hat der Evangelikalismus eine Geschichte?

»Ich behaupte«, schrieb John Stott, »dass der evangelikale Glaube nichts anderes ist als der historische christliche Glaube: das ursprüngliche, biblische, apostolische Christentum.«[1] Stott argumentiert, dass der Evangelikalismus kein Ausläufer des Christentums, sondern die ursprüngliche Hauptströmung *ist*: das Christentum, das auf der Lehre der Apostel, dem Apostolischen Glaubensbekenntnis und dem Nicänischen Glaubensbekenntnis basiert. J. I. Packer beschrieb den Evangelikalismus in ähnlicher Weise als »im Prinzip nichts anderes als das Christentum selbst. Die Kritiker nennen es eine neue Häresie. Wir aber haben gute Gründe dafür, es als die älteste Orthodoxie zu betrachten ... Ein konsequenter Evangelikalismus ist die wahrhaftigste Katholizität.«[2] Beide schlossen sich J. C. Ryle an, der erklärte, dass »eine Religion, um wirklich ›evangelikal‹ und wirklich gut zu sein, das Evangelium sein muss, das ganze Evangelium und nichts als das Evangelium, wie Christus es vorgeschrieben und den Aposteln erklärt hat«[3]. Wenn der Evangelikalismus wirklich »Christentum schlechthin« ist, wie könnte er dann etwas anderes sein als die älteste Orthodoxie – die Lehre der Apostel?

In den allermeisten Diskussionen über den Evangelikalismus heutzutage wird dieser jedoch als ein recht junges Phänomen dargestellt: etwa als eine Bewegung des 20. Jahrhunderts, die sich vom Fundamentalismus unterscheidet, oder als das Erbe der Erweckungsbewegung des 18. Jahrhunderts. All das scheint den leisen Verdacht zu nähren, dass John Henry Newman recht hatte, als er schrieb: »Tief eindringen in die Geschichte heißt aufhören, ein Protestant zu sein.«[4] Wenn der Evangelikalismus historisch gesehen wirklich eine Neuheit ist, kann er kaum Anspruch erheben, sich auf lange Sicht bewährt und als verlässlich erwiesen zu haben. Wenn die Dinge – der Evangelikalismus – ausgedient haben, dann kann man sie auch ohne Weiteres wegwerfen.

Ein großer Teil des Problems rührt daher, dass Historiker den Evangelikalismus gern anhand der Verwendung des Wortes *evangelikal* zu definieren suchen. So gesehen gibt es einige Evangelikale vor der Reformation (wie John Wyclif, den »*doctor evangelicus*«). Der wirkliche Aufstieg des Evangelikalismus würde bei dieser Methodik jedoch im 16. Jahrhundert beginnen, als frühe Reformatoren, bevor sie als protestantisch, lutherisch oder calvinistisch beschrieben wurden, als »Evaungelicalles« bezeichnet wurden.[5] Die Verwendung des Begriffs nimmt dann in der Zeit der Puritaner zu, bis sie im 18. Jahrhundert für und von Männern wie George Whitefield, den Wesleys, Jonathan Edwards und Charles Simeon gebraucht wurde. Im folgenden Jahrhundert, im Jahr 1846, wurde die Weltweite Evangelische Allianz gegründet, und der Evangelikalismus begann, sein modernes Aussehen anzunehmen. Bei dieser Betrachtungsweise ist es allzu leicht, die Unterschiede zwischen den Jahrhunderten zu betonen und den Eindruck zu erwecken, dass der Begriff des *Evangelikalismus* unendlich dehnbar ist. So bedeutete *evangelikal* im 16. Jahrhundert antikatholisch, im 18. Jahrhundert antiformalistisch und im 19. Jahrhundert antiliberal. Was die Sache noch komplizierter macht: Vor dem Beginn des 19. Jahrhunderts wurde *evangelikal* normalerweise nur als Adjektiv und nicht als Substantiv verwendet, was den Begriff noch weniger definierbar machte.

Der historische Gebrauch des Wortes *evangelikal* weist tatsächlich aber auf eine echte Kontinuität hin, die über die Jahrhunderte hinweg bestand. Ohne tiefer zu gehen, kann man das Ausmaß dieser Kontinuität jedoch leicht übersehen. Allein der Blick auf die historische Verwendung des Wortes wird nicht ausreichen, um zu erkennen, wie sehr George Whitefield (1714–1770) von den Gedanken Henry Scougals (1650–1678) profitierte; oder wie sehr William Grimshaw (1708–1763) auf den Schultern von John Owen (1616–1683), Charles Spurgeon (1834–1892) auf denen der Puritaner oder Calvin (1509–1564) auf denen Augustinus' (354–430) stand. Zudem ist die Tatsache, dass *evangelikal* ursprünglich eher als Adjektiv verwendet wurde, aufschlussreicher als jede Auflistung darüber, wo überall diese Bezeichnung im Laufe der Jahrhunderte verwendet wurde. Es zeigt uns, dass die Wurzeln des Evangelikalismus tiefer reichen als nur bis zum Gebrauch eines Namens. Evangelikal zu sein bedeutet, dem Evangelium treu zu sein. Das wird natürlich je nach den Fragen und Herausforderungen der jeweiligen Zeit unterschiedlich aussehen. Dem Evangelium treu zu sein, kann zum Beispiel in einem römisch-katholischen Kontext, in dem die Rechtfertigung allein durch den Glauben geleugnet wird, etwas anders aussehen als in einem liberalen Kontext, in dem die Glaubwürdigkeit der Schrift geleugnet wird. Im römisch-katholischen Kontext wird mehr apologetische Arbeit für die Rechtfertigung erforderlich sein, während in einem liberalen Kontext mehr Augenmerk auf die Bekräftigung der Vertrauenswürdigkeit der Schrift erfolgen muss. Dieser Unterschied bedeutet nicht Wurzellosigkeit, sondern Treue.

So verstanden auch die »frühen« Evangelikalen, die Reformatoren, was es heißt, evangelikal zu sein. Im Zweiten Helvetischen Bekenntnis wird das Wort zum Beispiel so verwendet: »Die Predigt und die Schriften der Apostel, in denen die Apostel uns erklären, wie der Sohn uns vom Vater gegeben wurde und mit ihm alles, was mit dem Leben und dem Heil zu tun hat, wird auch mit Recht evangelikale Lehre genannt.«[6] In ihrem Bestreben, evangelikal zu sein, wollten sich die Reformatoren keiner Tradition oder Partei anpassen. Auch glaubten sie nicht, dass sie in irgendeiner Weise innovativ waren. »Wir lehren nichts Neues«, schrieb Luther, »sondern die alten Dinge und was wir von Anfang an gelehrt haben, das schärfen wir ein und setzen es fest.«[7] Als Johannes Calvin von der römisch-katholischen Kirche der Innovation bezichtigt wurde, antwortete er sogar:

> »Unsere Übereinstimmung mit der Antike ist viel größer als die Ihre, aber alles, was wir versucht haben, war, jene alte Form der Kirche zu erneuern, die zunächst von Analphabeten gleichgültigen Charakters beschmutzt und verzerrt und danach vom Papst und seiner Fraktion schamlos zerfleischt und beinahe zerstört wurde.«[8]

Deswegen kann Kenneth J. Stewart in seinem Buch *In Search of Ancient Roots* (dt. »Auf der Suche nach den Ursprüngen«) darlegen, dass der evangelikale Impuls im Christentum schon seit den Aposteln vorhanden ist.[9] Während sich *jede* christliche Tradition im Laufe der Jahrhunderte in gewisser Weise verändert hat, zeichnet sich der wahre Evangelikalismus dadurch aus, dass er sich ständig reformiert, und zwar nicht, um sich jeder neuen Ära anzupassen (wie es andere tun), sondern um dem Evangelium inmitten der besonderen Herausforderungen, die jedes Jahrhundert mit sich bringt, treu zu bleiben.

Endnoten

Kapitel 1

1 Mark A. Noll, *The Scandal of the Evangelical Mind*, Grand Rapids: Eerdmans, 1994, S. 3.

2 Siehe John Stott, *Evangelical Truth: A Personal Plea for Unity*, Leicester: IVP, 1999, S. 28, 103; und J. I. Packer, The Evangelical Anglican Identity Problem: An Analysis, Oxford: Latimer House, 1978, S. 20–23.

Kapitel 2

1 J. C. Ryle, *Knots Untied*, London: Chas. J. Thynne, 1900, S. 3.

2 Irenäus von Lyon, *Gegen die Häresien*, 3.1.1.

3 Vgl. Irenäus von Lyon, *Gegen die Häresien*, 3.12.9. Irenäus schätzte zwar die direkte Verbindung zwischen den Aposteln und den Bischöfen seiner Zeit. Das diente ihm aber nie als Raster, um sie der Schrift aufzuzwingen, sondern als Beweis dafür, dass die schlichte Wahrheit der Schrift bewahrt und von der Kirche nicht verfälscht worden war.

4 Athanasisus., ep. fest. 39, in: *Ein Bruchstück aus dem neununddreißigsten Festbriefe des heil. Athanasius* (BKV), in: *Sämmtliche Werke des heiligen Athanasius 4*.

(Sämmtliche Werke der Kirchen-Väter 17), Kempten, 1837, S. 238.

5 Gregor von Nyssa, »On the Holy Trinity, and of the Godhead of the Holy Spirit,« in *Gregory of Nyssa: Dogmatic Treatises, Etc.*, trans. Henry Austin Wilson, Bd. 5 von *A Select Library of the Nicene and Post-Nicene Fathers of the Christian Church*, 2nd ser., ed. Philip Schaff and Henry Wace, New York: Christian Literature Company, 1893, 327.

6 Um es deutlich zu machen: Für Augustinus bedeutet »katholisch« das Gegenteil von heterodox, nicht das Gegenteil von protestantisch. Augustinus, Letter 148.15 in *A Select Library of the Nicene and Post-Nicene Fathers of the Christian Church*, Bd. 1, Buffalo: Christian Literature Company, 1886, S. 502.

7 Heiko A. Oberman, *Luther: Mensch zwischen Gott und Teufel*, München: Pantheon, 2016, S. 244.

8 *Katechismus der Katholischen Kirche*, Absatz 82, online unter: https://www.vatican.va/archive/DEU0035/__PR.HTM (Stand: 10.04.2023).

9 Michael Reeves, *The Unquenchable Flame: Discovering the Heart of the Reformation*, Nashville: B&H Academic, 2010, S. 189.

10 Jonathan Edwards, *Sind religiöse Gefühle zuverlässige Anzeichen für wahren Glauben?*, 2. Aufl., Waldems: 3L Verlag, 2016, S. 147.

11 Friedrich Schleiermacher, *Der christliche Glaube*, Bd. 1, 2. Aufl. von 1830/31, Berlin: Walter De Gruyter & Co., 1960, § 15, S. 105.

12 Kurt Aland (Hrsg.), *Martin Luther: Kirche und Gemeinde, Luther deutsch: Die Werke Martin Luthers in neuer Auswahl für die Gegenwart*, Bd. 6, Göttingen: Vandenhoeck & Ruprecht, 1966, S. 22 (zitiert nach der digitalen Ausgabe von Zeno.org).

13 C. Fabrisius (Hrsg.), *Corpus Confessionum*, 17. Abteilung, I. Bd, 1937, S. 374–403.

14 Dieses Bild habe ich übernommen aus N. T. Wright, *The Last Word: Scripture and the Authority of God—Getting Beyond the Bible Wars*, San Francisco: HarperOne, 2006, S. 101.

15 J. C. Ryle, *Knots Untied*, London: Chas. J. Thynne, 1900, S. 9–10.

16 Irenäus von Lyon, *Gegen die Häresien*, 2.28.2.

17 Irenäus von Lyon, *Gegen die Häresien*, 3.5.1.

18 Augustinus, Letter 132.3, in *A Select Library of the Nicene and Post-Nicene Fathers of the Christian Church*, Bd. 1, Buffalo: Christian Literature Company, 1886, S. 350.

19 Augustinus, ep. 28.3, in: *Des heiligen Kirchenvaters Aurelius Augustinus ausgewählte Briefe (Des heiligen Kirchenvaters Aurelius Augustinus ausgewählte Schriften* Bd. 9–10; Bibliothek der Kirchenväter, 1. Reihe, Bd. 29–30), Kempten/München: J. Kösel, 1917, S. 72.

20 Martin Luther, »Vom Missbrauch der Messe« in *Wort Und Sakrament: Heutiges Deutsch*, Johannes Schilling et al. (Hrsg.), Björn Slenczka (Übers.), Bd. 2, Martin Luther, *Deutsch-Deutsche Studienausgabe*, Leipzig: Evangelische Verlagsanstalt, 1521, S. 215.

21 Karl Barth, *Church Dogmatics,* Edinburgh: T&T Clark, 1956–1972, I/2, S. 522.

22 Michael Reeves und John Stott, *The Reformation: What You Need to Know and Why,* Peabody: Hendrickson, 2017, S. 31.

23 Bibeltreue in der Offensive: Die drei Chicagoerklärungen zur biblischen Irrtumslosigkeit, Hermeneutik und Anwendung, übers. u. hrsg. v. Thomas Schirrmacher, 3. überarb. Aufl. 2009, VKW: Bonn, 2009.

24 Die Lausanner Verpflichtung spricht dieselbe Sprache und beschreibt die Heilige Schrift als »ohne Irrtum in allem, was sie bekräftigt« (John Stott [Hrsg.], *Making Christ Known: Historic Mission Documents from the Lausanne Movement 1974–1989,* Milton Keynes: Paternoster, 1997, S. 13–14).

25 B. B. Warfield, »Revelation and Inspiration« in: *The Works of Benjamin B. Warfield,* Bd. 1, Grand Rapids: Baker, 2003, S. 180.

26 Bernard Ramm, *Special Revelation and the Word of God,* Grand Rapids: Eerdmans, 1961, S. 117.

27 J. I. Packer, *God Has Spoken: Revelation and the Bible,* 2. Aufl., London: Hodder and Stoughton, 1979, S. 97.

Kapitel 3

1 Conrad Mbewe, *God's Design for the Church: A Guide for African Pastors and Ministry Leaders*, Wheaton: Crossway, 2020, S. 62.

2 George Tyrrell, *Christianity at the Crossroads,* London: Longmans, Green, 1909, S. 44.

3 J. C. Ryle, *Knots Untied*, London: Chas. J. Thynne, 1900, S. 5.

4 Michael Reeves im Vorwort zu Stephen Wellum, *Christ Alone: The Uniqueness of Jesus as Savior, The Five Solas Series*, Matthew Barrett (Hrsg.), Grand Rapids: Zondervan, 2017, S. 13.

5 Irenäus von Lyon, *Gegen die Häresien*, 5. Buch, Vorrede.

6 Für eine ausführlichere Erklärung siehe Michael Reeves, »Only in Christ Can the Image of God Be Restored«, *Ligonier*, 15.07.2020, online unter: https://www.ligonier.org/posts/only-christ-can-image-god-be-restored (Stand: 31.03.2023).

7 Joh. Georg Walch (Hrsg.), *Dr. Luthers Briefe (erste Abtheilung), Dr. Martin Luthers sämmtliche Schriften*, Bd. 21, 1. Theil, St. Louis: Concordia Publishing House, 1903, S. 94.

8 C. S. Lewis, *Dienstanweisung für einen Unterteufel*, Freiburg: Verlag Herder, 2015, S. 184; Hervorhebungen im Original.

9 »Die Lausanner Verpflichtung«, online unter: https://lausanne.org/de/lausanner-verpflichtung/lausanner-verpflichtung (Stand: 25.02.2023).

10 J. C. Ryle, *Knots Untied*, London: Chas. J. Thynne, 1900, S. 16.

11 Michael Reeves im Vorwort zu Stephen Wellum, *Christ Alone: The Uniqueness of Jesus as Savior, The Five Solas Series*, Matthew Barrett (Hrsg.), Grand Rapids: Zondervan, 2017, S. 13.

12 John Stott, *Evangelical Truth: A Personal Plea for Unity*, Leicester: IVP, 1999, S. 35.

13 Michael Reeves, *The Unquenchable Flame: Discovering the Heart of the Reformation*, Nashville: B&H Academic, 2010, S. 98.

14 Charles Wesley, »Tis Finished! The Messiah Dies«.

15 Martin Luther, »Exposition of Psalm 21« in: D. Martin Luthers Werke, Kritische Gesamtausgabe: Briefwechsel, Bd. 5, S. 608.

16 Brief an Diognet, Bibliothek der Kirchenväter, München, 1913, S. 169.

17 Vgl. Martin Luther, D. Martin Luthers Werke: Kritische Gesammtausgabe, 120 Bände, Weimar, 1883–2009, 40.3:352.

18 Martin Luther, *Das Newe Testament Deutzsch*, Wittenberg: Melchior Lotter, 1522, Notiz neben Römer 3–4, online unter: https://archive.org/details/case_c_409_33/page/n249/mode/2up (Stand: 04.04.2024, Rechtschreibung aktualisiert).

19 D. M. Lloyd-Jones, *Romans: An Exposition of Chapters 3:20–4:25, Atonement and Justification*, Edinburgh: Banner of Truth, 1970, S. xi.

20 »Antwort der katholischen Kirche auf die Gemeinsame Erklärung zwischen der katholischen Kirche und dem Lutherischen Weltbund über die Rechtfertigungslehre«, Präzisierung 3, online unter: https://archive.wfn.org/1998/07/msg00112.html (Stand: 25.02.2023).

21 Vgl. Nick Needham, »Justification in the Early Church Fathers« in: *Justification in Perspective: Historical Developments and Contemporary Challenges*, Bruce L. McCormack (Hrsg.), Grand Rapids: Baker Academic, 2006; James Buchanan, *The Doctrine of Justification*, Edinburgh, Banner of Truth, 1961, S. 31–113; Thomas C. Oden, The Justification Reader, Grand Rapids: Eerdmans, 2002.

22 Tertullian, »The Five Books against Marcion« 5.3, in: *Latin Christianity: Its Founder, Tertullian*, Alexander Roberts, James Donaldson, and A. Cleveland Coxe (Hrsg.), Peter Holmes (Übers.), Buffalo: Christian Literature Company, 1885, S. 435.

23 Zitiert in: Martin Chemnitz, *Examination of the Council of Trent*, Bd. 1, Fred Kramer (Übers.), St. Louis: Concordia, 2007, S. 505, Hervorhebung hinzugefügt.

24 Marius Victorinus in: *Justification by Faith*, H. George Anderson, T. Austin Murphy, and Joseph A. Burgess (Hrsg.), Minneapolis: Augsburg, 1985, S. 114.

25 Johannes Chrysostomos, Kommentar zu 2. Korinther 11,5, zitiert bei Nick Needham, »Justification in the Early Church Fathers« in: *Justification in Perspective: Historical Developments and Contemporary Challenges*,

Bruce L. McCormack (Hrsg.), Grand Rapids: Baker Academic, 2006, S. 35.

Kapitel 4

1 D. M. Lloyd-Jones, *What Is an Evangelical?*, Edinburgh: Banner of Truth, 1992, S. 34.

2 J. I. Packer, »Reflections and Response« in: *J. I. Packer and the Evangelical Future*, T. George (Hrsg.), Grand Rapids: Baker, 2009, S. 182.

3 D. W. Bebbington, *Evangelicalism in Modern Britain: A History from the 1730s to the 1980s*, London: Unwin Hyman, 1989, S. 3.

4 J. C. Ryle, *Knots Untied*, London: Chas. J. Thynne, 1900, S. 4; Hervorhebung im Original.

5 Augustinus von Hippo, *Bekenntnisse*, übers. von Alfred Hofmann, Bellingham: Faithlife, 2022, 2.4.9.

6 Martin Luther, *Vom unfreien Willen*, 3. Aufl., Augustdorf: Betanien, 2021, S. 340.

7 Kurt Aland (Hrsg.), *Martin Luther: Die Anfänge, Luther deutsch: Die Werke Martin Luthers in neuer Auswahl für die Gegenwart*, Bd. 1, 2. Aufl., Göttingen: Vandenhoeck & Ruprecht, 1983, S. 356 u. 360.

8 Kurt Aland (Hrsg.), *Martin Luther: Die Anfänge, Luther deutsch: Die Werke Martin Luthers in neuer Auswahl für die Gegenwart*, Bd. 1, 2. Aufl., Göttingen: Vandenhoeck & Ruprecht, 1983, S. 358.

9 Kurt Aland (Hrsg.), *Martin Luther: Die Anfänge, Luther deutsch: Die Werke Martin Luthers in neuer Auswahl für*

die Gegenwart, Bd. 1, 2. Aufl., Göttingen: Vandenhoeck & Ruprecht, 1983, S. 361.

10 J. C. Ryle, *Knots Untied*, London: Chas. J. Thynne, 1900, S. 6; Hervorhebung im Original.

11 Augustinus von Hippo, *Bekenntnisse*, übers. von Alfred Hofmann, Bellingham: Faithlife, 2022, 9.1.1.

12 Kurt Aland (Hrsg.), *Martin Luther: Der Reformator, Luther deutsch: Die Werke Martin Luthers in neuer Auswahl für die Gegenwart*, Bd. 2, Göttingen: Vandenhoeck & Ruprecht, 1991, S. 20.

13 John Wesley, *The Heart of Wesley's Journal: Illustrated*, Grand Rapids: Kregel, 1989, S. 43.

14 John Wesley, *Sermons on Several Occasions by John Wesley*, M.A., Bd. 2, London: John Mason, 1829, S. 65.

15 J. I. Packer nannte Evangelisation als eines von sechs Kennzeichen des evangelikalen Glaubens in *The Evangelical Anglican Identity Problem: An Analysis*, Oxford: Latimer House, 1978, S. 20–23.

16 John Stott (Hrsg.), *Making Christ Known: Historic Mission Documents from the Lausanne Movement 1974–1989*, Milton Keynes: Paternoster, 1997, S. 238.

17 J. C. Ryle, *Knots Untied*, London: Chas. J. Thynne, 1900, S. 7; Hervorhebung im Original.

18 Augustinus von Hippo, *Bekenntnisse*, übers. von Alfred Hofmann, Bellingham: Faithlife, 2022, 13.9.10.

19 Kurt Aland (Hrsg.), *Martin Luther: Der Reformator, Luther deutsch: Die Werke Martin Luthers in neuer Auswahl für die Gegenwart*, Bd. 2, Göttingen: Vandenhoeck & Ruprecht, 1991, S. 19.

20 Kurt Aland (Hrsg.), *Martin Luther: Die Schriftauslegung, Luther deutsch: Die Werke Martin Luthers in neuer Auswahl für die Gegenwart*, Bd. 5, Berlin: Evangelische Verlagsanstalt, 1951, S. 40.

21 Nicholas Tyacke, »Puritanism, Arminianism and Counter-revolution« in: *Reformation to Revolution: Politics and Religion in Early Modern England*, Margo Todd (Hrsg.), London und New York: Routledge, 1995, S. 64.

22 Richard Sibbes, »The Art of Mourning« in: Alexander Balloch Grosart (Hrsg.), *The Complete Works of Richard Sibbes*, Bd. 6, S. 59–75, Edinburgh: James Nichol, 1862, S. 61.

23 J. I. Packer, *The Evangelical Anglican Identity Problem: An Analysis*, Oxford: Latimer House, 1978, S. 20–23.

24 Conrad Mbewe, *God's Design for the Church: A Guide for African Pastors and Ministry Leaders*, Wheaton: Crossway, 2020, S. 31.

Kapitel 5

1 Henry Venn (Hrsg.), *The Life and a Selection from the Letters of the late Rev. Henry Venn*, M.A., London, 1835, S. vii–viii. Siehe auch J. C. Ryle, *Knots Untied*, London: Chas. J. Thynne, 1900, S. 8.

2 J. C. Ryle, *Knots Untied*, London: Chas. J. Thynne, 1900, S. 17; Hervorhebung im Original.

3 J. I. Packer, »Taking Stock in Theology«, in: *Evangelicals Today*, John C. King (Hrsg.), Guildford und London: Lutterworth Press, 1973, S. 17.

4 Lesern, die dies weiter verfolgen möchten, empfehle ich zwei Bücher: Gavin Ortlund, *Finding the Right Hills to Die On: The Case for Theological Triage*, Wheaton: Crossway, 2020; und Rhyne R. Putnam, *When Doctrine Divides the People of God: An Evangelical Approach to Theological Diversity*, Wheaton: Crossway, 2020.

5 Siehe etwa Albert Mohler, *The Disappearance of God: Dangerous Beliefs in the New Spiritual Openness*, Colorado Springs: Multnomah, 2009, S. 1–8.

6 Vgl. Albert Mohler, »A Call for Theological Triage and Christian Maturity«, *Albert Mohler* (Webseite), 12.07.2005, online unter: https://albertmohler.com/2005/07/12/a-call-for-theological-triage-and-christian-maturity (Stand: 31.03.2023).

7 *Die Gemeinsame Erklärung zur Rechtfertigungslehre*, Artikel 5, Hannover: Vereinigte Evangelisch-lutherische Kirche Deutschlands, 1999, S. 2, online unter: https://www.velkd.de/publikationen/download.php?39461a19e9eddfb385ea76b26521ea48 (Stand: 10.04.2023).

8 »Vor 470 Jahren: Dekret über die Rechtfertigung des Konzils von Trient (1547)«, online unter: https://katholisches.info/2017/01/13/vor-470-jahren-dekret-ueber-die-rechtfertigung-des-konzils-von-trient-1547/ (Stand: 19.07.2023)

9 Siehe Michael Reeves in: »The Joint Declaration on the Doctrine of Justification: A Curtain on the Reformation?«, *Union* (Webseite), online unter: https://www.uniontheology.org/resources/doctrine/god/

the-joint-declaration-on-the-doctrine-of-justification-a-curtain-on-the-reformation (Stand: 31.03.2023).

10 *Katechismus der Katholischen Kirche*, Absatz 1989 und 1990, online unter: https://www.vatican.va/archive/DEU0035/__P74.HTM (Stand: 10.04.2023).

11 Michael Reeves in: »The Joint Declaration on the Doctrine of Justification: A Curtain on the Reformation?«, *Union* (Webseite), online unter: https://www.uniontheology.org/resources/doctrine/god/the-joint-declaration-on-the-doctrine-of-justification-a-curtain-on-the-reformation (Stand: 31.03.2023).

12 »Antwort der katholischen Kirche auf die Gemeinsame Erklärung zwischen der katholischen Kirche und dem Lutherischen Weltbund über die Rechtfertigungslehre«, Präzisierung 3, online unter: https://archive.wfn.org/1998/07/msg00112.html (Stand: 04.04.2024).

13 Carl F. H. Henry, »A Plea for Evangelical Unity (1961)« in: *Architect of Evangelicalism: The Essential Essays of Carl F. H. Henry, The Best of Christianity Today*, Bellingham: Lexham, 2019, S. 30.

14 C. H. Spurgeon, *The Two Wesleys*, London: Passmore and Alabaster, 1861, S. 4.

15 C. H. Spurgeon, *The Two Wesleys*, London: Passmore and Alabaster, 1861, S. 4.

16 J. C. Ryle, *Christian Leaders of the Last Century or England a Hundred Years Ago*, London: T. Nelson, 1869, S. 85.

17 Carl F. H. Henry, »A Plea for Evangelical Unity (1961)« in: *Architect of Evangelicalism: The Essential Essays of*

Carl F. H. Henry, The Best of Christianity Today, Bellingham: Lexham, 2019, S. 31.

18 Iain Murray, *Evangelicalism Divided: A Record of Crucial Change in the Years 1950 to 2000*, Edinburgh: Banner of Truth, 2000, S. 289.

19 D. A. Carson, *The Gagging of God: Christianity Confronts Pluralism*, Leicester: Apollos, 1996, S. 455.

20 J. I. Packer und Thomas Oden, *One Faith: The Evangelical Consensus*, Downers Grove: InterVarsity Press, 2004.

21 Eine solche internationale, konfessionsübergreifende Partnerschaft für das Evangelium ist typisch evangelikal. Conrad Mbewe schreibt: »Wir dürfen die Kirche nicht in erster Linie im Blick auf unsere eigene Ortsgemeinde oder Konfession denken. Wir gehören zum Leib Christi, der den ganzen Planeten umspannt. Die Kirche ist in Afrika, in Amerika, in Europa, in Asien und so weiter. Sie ist überall. Ihre Ortsgemeinde ist nur eine lokale Manifestation dieses großen, internationalen Leibes. Manchmal wird so viel Wert darauf gelegt, eine ›afrikanische Kirche‹ zu sein, dass wir leicht die Tatsache aus den Augen verlieren, dass wir ein Leib sind – eine Kirche – überall auf der Welt. Unsere Ortsgemeinde sollte in Partnerschaft mit anderen Gemeinden den Auftrag erfüllen, den Jesus seiner weltweiten Kirche gegeben hat. Unsere Ortsgemeinden sollten auch aktiv schwächeren Gemeinden um uns herum helfen, stärker zu werden« (Conrad Mbewe,

God's Design for the Church: A Guide for African Pastors and Ministry Leaders, Wheaton: Crossway, 2020, S. 30–31).

22 Kenneth J. Collins and Jerry L. Walls, *Roman but Not Catholic: What Remains at Stake 500 Years after the Reformation*, Grand Rapids: Baker, 2017, S. 399.

23 Iain Murray, *Evangelicalism Divided: A Record of Crucial Change in the Years 1950 to 2000*, Edinburgh: Banner of Truth, 2000, S. 278.

24 Iain Murray, »Divisive Unity« in: *The Master's Seminary Journal 12/2*, 2001, S. 234.

25 J. C. Ryle, *Charges and Addresses*, Edinburgh: Banner of Truth, 1978, S. 297.

Kapitel 6

1 Vgl. The State of Theology, https://thestateoftheology.com (Stand: 10.04.2023).

2 Albert Mohler, »Confessional Evangelicalism«, in *Four Views on the Spectrum of Evangelicalism*, Andrew David Naselli und Collin Hansen (Hrsg.), Grand Rapids: Zondervan, 2011, S. 96.

3 John Stott, *Evangelical Truth: A Personal Plea for Unity*, Leicester: IVP, 1999, S. 147.

4 Roland H. Bainton, *Here I Stand: A Life of Martin Luther*, Nashville: Abingdon, 1950, S. 385–386.

5 Roland H. Bainton, *Here I Stand: A Life of Martin Luther*, Nashville: Abingdon, 1950, S. 386.

6 Richard Sibbes, *Geborgen in Ihm*, Friedberg: 3L Verlag, 2007, S. 99.

7 Michael Reeves, *Theologians You Should Know: An Introduction: From the Apostolic Fathers to the 21st Century*, Wheaton: Crossway, 2016, S. 14.

8 Michael Reeves, *Theologians You Should Know: An Introduction: From the Apostolic Fathers to the 21st Century*, Wheaton: Crossway, 2016, S. 15.

9 C. S. Lewis, introduction to Athanasius, *On the Incarnation*, Crestwood: SVS, 1998, S. 4–5.

10 D. M. Lloyd-Jones, *What Is an Evangelical?*, Edinburgh: Banner of Truth, 1992, S. 39.

11 J. C. Ryle, *Knots Untied*, London: Chas. J. Thynne, 1900, S. 8.

12 Albert Mohler, »Confessional Evangelicalism«, in *Four Views on the Spectrum of Evangelicalism*, Andrew David Naselli und Collin Hansen (Hrsg.), Grand Rapids: Zondervan, 2011, S. 69.

Anhang 1

1 D. G. Hart, *Deconstructing Evangelicalism*, Grand Rapids: Baker, 2004, S. 16. Für eine Antwort darauf siehe: Timothy Larsen, »D. G. Hart, Deconstructing Evangelicalism: Conservative Protestantism in the Age of Billy Graham« in: *The Journal of Religion 85/1*, Januar 2005, S. 120–21.

2 Jennifer Leclaire, »Evangelist Luis Palau Has Laid Hands on Pope Francis«, Charisma News, 21.03.2013, https://www.charismanews.com/; George Weigle, »The Christ-Centered Pope«, National Review, 20.09.2013, https://www.nationalreview.com/.

3 E. Hodder, *The Life and Work of the Seventh Earl of Shaftesbury*, London: K. G., 1888, S. 738.

4 D. W. Bebbington, *Evangelicalism in Modern Britain: A History from the 1730s to the 1980s*, London: Unwin Hyman, 1989, S. 3.

5 D. W. Bebbington, *Evangelicalism in Modern Britain: A History from the 1730s to the 1980s*, London: Unwin Hyman, 1989, S. 4.

6 Vgl. Mark A. Noll und Carolyn Nystrom, *Is the Reformation Over? An Evangelical Assessment of Contemporary Roman Catholicism*, Grand Rapids: Baker; Milton Keynes: Paternoster, 2005, S. 12–13 und 23.

7 In den Vereinigten Staaten wird »Evangelikalismus« von vielen als politische, kulturelle oder rassische Kategorie verstanden, so dass nominelle, nicht wiedergeborene Amerikaner die Bezeichnung »evangelikal« für sich beanspruchen, während sie entweder Christus überhaupt nicht folgen oder zulassen, dass Parteipolitik die Treue zum Evangelium in den Hintergrund drängt. Als britischer, bekennender Evangelikaler fällt es mir schwer zu begreifen, wie politisch aufgeladen das Wort Evangelikalismus in Amerika ist. Denn auf der britischen Seite des Teiches (oder in Australien, Europa, Afrika, Südamerika oder Südkorea) ist das nicht so. Außerhalb der USA sind die Evangelikalen durchaus politisch engagiert: Wir wissen, dass unsere Theologie politische Konsequenzen hat. Aber wir sind kein politischer oder rassischer Block. Obwohl Amerika einen beispiellosen globalen Einfluss hat, erscheint

es seltsam, dass die globale Mehrheit nach der Pfeife einer jüngsten amerikanischen Anomalie tanzen muss. Schließlich gibt es außerhalb Nordamerikas viele Millionen mehr Evangelikale als innerhalb. Allein in Nigeria und Brasilien gibt es mehr davon. Gemessen am prozentualen Anteil der Bevölkerung sind die Kernländer der Evangelikalen heute nicht die Vereinigten Staaten oder das Vereinigte Königreich, sondern Südkorea und Kenia. Der Evangelikalismus ist weit davon entfernt, eine ausschließlich amerikanische Realität zu sein: Amerikanische Kontroversen sollten nicht zu seiner Definition herangezogen werden.

8 Francis A. Schaeffer, *Die große Anpassung: Der Zeitgeist und die Evangelikalen*, 4. Aufl., Bielefeld: CLV, 2022, S. 44.

9 Siehe auch J. I. Packer und Thomas Oden, *One Faith: The Evangelical Consensus*, Downers Grove: InterVarsity Press, 2004.

10 George M. Marsden (Hrsg.), *Evangelicalism and Modern America*, Grand Rapids: Eerdmans, 1984, S. ix–x.

11 J. I. Packer, *The Evangelical Anglican Identity Problem: An Analysis*, Oxford: Latimer House, 1978, S. 20–23.

12 J. I. Packer, »What Did the Cross Achieve? The Logic of Penal Substitution«, Tyndale Bulletin 25, 1974, S. 3.

13 John Stott, *Evangelical Truth: A Personal Plea for Unity*, Leicester: IVP, 1999, S. 103.

Anhang 2

1 Michael Reeves und John Stott, *The Reformation: What You Need to Know and Why,* Peabody: Hendrickson, 2017, S. 31.

2 J. I. Packer, *»Fundamentalism« and the Word of God*, Leicester: Inter-Varsity Fellowship, 1958, S. 22.

3 J. C. Ryle, *Knots Untied*, London: Chas. J. Thynne, 1900, S. 19.

4 John Henry Newman, *Die Entwicklung der christlichen Lehre und der Begriff der Entwicklung*, übers. u. hrsg. v. Theodor Haecker, München: H. A. Weichmann, 1922, S. 6.

5 Peter Marshall, »Evangelical conversion in the reign of Henry VIII« in: *The Beginnings of English Protestantism*, Peter Marshall and Alec Ryrie (Hrsg.), Cambridge: Cambridge University Press, 2002, S. 14–37.

6 Das zweite helvetische Bekenntnis, Kapitel XIII, online unter: https://www.evangelischer-glaube.de/2-helvetisches-bekenntnis/kap-xi-xx/ (Stand: 10.04.2023).

7 Hermann Kleinknecht (Hrsg.), *Der Galaterbrief, D. Martin Luthers Epistel-Auslegung*, Bd. 4, Göttingen: Vandenhoeck & Ruprecht, 1980, S. 43.

8 John Calvin, »Reply to Sadoleto« in: John Calvin and Jacopo Sadoleto, *A Reformation Debate*, John C. Olin (Hrsg.), Grand Rapids: Baker, 1966, S. 62.

9 Vgl. Kenneth J. Stewart, *In Search of Ancient Roots: The Christian Past and the Evangelical Identity Crisis*, London: Apollos, 2017.

Danksagungen

Dieses Buch wäre ohne die folgenden Menschen nicht das, was es ist:

Dane Ortlund verkörpert, was es bedeutet, ein Mann des Evangeliums zu sein, und gab mir den nötigen Schubs, das Buch zu Papier zu bringen.

Justin Taylor von Crossway ging großzügig über das hinaus, was es bedeutet, ein Herausgeber zu sein. Er war mir ein außergewöhnlich weiser Freund und Berater, während ich schrieb.

Collin Hansen, Andrew Atherstone, Peter Comont, Dustin Benge und John Stevens haben alle mein erstes Manuskript gelesen und viele hilfreiche Anmerkungen gemacht, die das Buch stark geprägt haben.

Das Team von Union, insbesondere Joel Morris und Daniel Hames, lebte mir während meines Schreibens vor, wie evangelikale Brüderlichkeit gepaart mit einem großen Anliegen für das Evangelium aussieht. Das war mir eine große Unterstützung und Ermutigung.

Meine liebe, wunderbare Frau, Bethan hat alles mitgetragen und mich mit Gebet und Aufmunterungen unterstützt.

Vielen Dank euch allen!